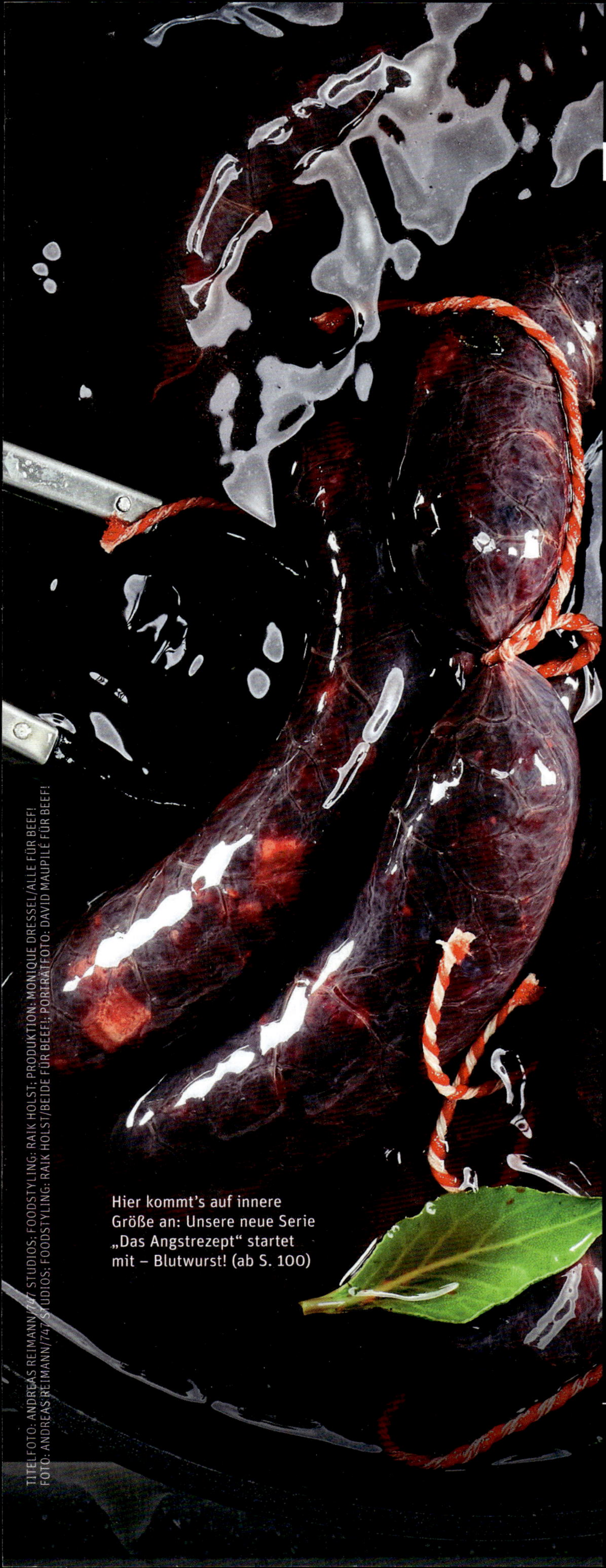

Hier kommt's auf innere Größe an: Unsere neue Serie „Das Angstrezept" startet mit – Blutwurst! (ab S. 100)

TITELFOTO: ANDREAS REIMANN/747 STUDIOS; FOODSTYLING: RAIK HOLST; PRODUKTION: MONIQUE DRESSEL/ALLE FÜR BEEF!
FOTO: ANDREAS REIMANN/747 STUDIOS; FOODSTYLING: RAIK HOLST/BEIDE FÜR BEEF!; PORTRÄTFOTO: DAVID MAUPILÉ FÜR BEEF!

GESAGT

SIZE DOES MATTER

In den letzten Monaten ist das Grillen für viele einsamer geworden. Keine großen Tafeln mehr mit den Freunden und der Familie, keine gemeinsamen Grillabende im Garten, ein großer Teil der Geselligkeit ist der Pandemie zum Opfer gefallen.
Ich persönlich habe mir diese Entwicklung ein paar Wochen lang angeschaut und dann beschlossen: nicht mit mir!
Ich kann auch klein. Ein Rehrückenfilet für drei statt eines Spanferkels für die ganze Nachbarschaft. Ein Ein-Kilo-Wolfsbarsch statt zweier geräucherter Lachsseiten. Zwei Steaks statt eines Rinderrückens. Und ich habe ein großes Vergnügen an den kleinen Herausforderungen bekommen.
Denn: Size does matter, auf die Größe kommt es an. Die kleinen Stücke sind oft viel schwieriger als die großen. Bei einem Pultpark kommt es auf eine halbe Stunde mehr oder weniger nicht an, bei einer Jakobsmuschel schon. Ein Tomahawk verzeiht Ihnen 30 zu lange Sekunden direkte Hitze von oben, ein Lammfilet nicht.
Ich behaupte: Die kleinen Griller sind die besseren. Was denken Sie? Diese Ausgabe steckt wieder voller leckerer Ideen. Große Ideen, aber auch ganz viele kleine. Lassen Sie sich von der Lust am Kleinen anstecken.

Jan Spielhagen

Wie gefällt Ihnen diese BEEF!-Ausgabe? Bitte schreiben Sie mir an spielhagen@beef.de oder über facebook.com/beef.de, oder twittern Sie @JanSpielhagen

SERVIERT

8 DER LAIBWÄCHTER
Wenn's um gutes Brot geht, kennt dieser Mann keine Grenzen

20 KLAPPE!
Nennen Sie ihn nicht Sandwichmaker – dieser Kontaktgrill kann auch Burger!

32 REIFEPRÜFUNG Dry Aging? War gestern. Wir veredeln unser Fleisch jetzt mit Butter: eine superzarte Anleitung

SUCHEN SIE JEMANDEN FÜR WAS LÄNGERES?
ZUM AUSKLAPPEN! Drehmate des Monats

68 SPIESS-GUERILLA
Sechs Mega-Drehspieße, mit denen man sich nie wieder alleine fühlt. Mit Rind, Schwein, Schaf, Bacon, Entenleber …

S. 12 Marmor des Monats
S. 27 Platte des Monats
S. 30 Hacienda des Monats
Centerfold!

1 2 3 4 5 6 7 8 9 10 11 12 13 14 15 16 17 18 19 20 21 22 23 24 25 26 27 28 29 30 31 32 33 34 35 36 37 38 39 40 41 42 43 44 45 46 47 48 49 50 51 52 53 54 55 56 57 58 59 60 61 62 63 64 65 66 67 68 69 70 71 72 73 74 75 76 77 78 79 80 81 82 83 84 85 86 87 88 89

S. 3 Editorial
S. 6 Tier des Monats
S. 9 Gurke des Monats
S. 10 Tor des Monats
S. 13 Aphrodisiakum des Monats
S. 18 Geheimnis des Monats
S. 22 Vase des Monats
S. 24 Salate des Monats
S. 67 Fachhändler

14 TROPFEN FÜR TROPFEN
Von Hummer und Soda, Vampiren und Gletschern: die BEEF!-Infografik „Blut und Wasser“

28 EBER FÜR DIE LEBER
Dieser Gin ist wirklich schweinisch lecker

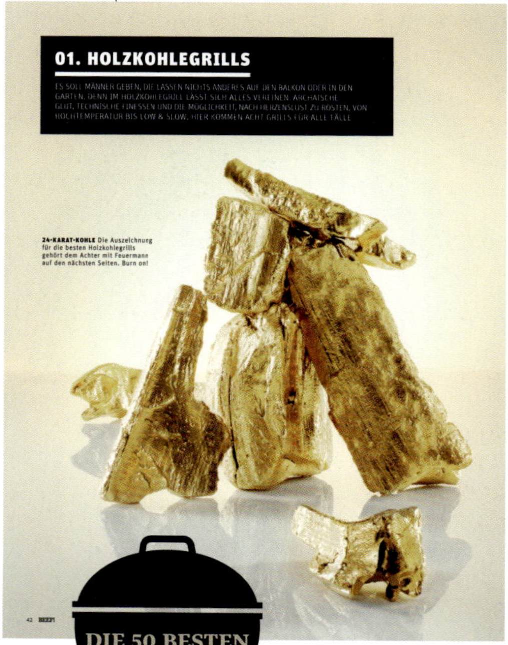

40 HALL OF FLAME
Wir wollten es wissen: Welches sind die besten Grills ihrer Art, von der Feuerschale bis zum Smoker? Hier das Ergebnis: die Top Fifty der Röster

88 WEICHE ZIELE
Was Seegurken mit der Mafia zu tun haben? Sie sind eine Delikatesse und sündhaft teuer …

136 LEIDER LECKER!
Keule, Haxn, Burger: Wir feiern Ostern mit Walisischen Lämmern, den zartesten der Welt

178 GRAB MAL! Wenn Er und Sie von einem Kräuterbeet träumen

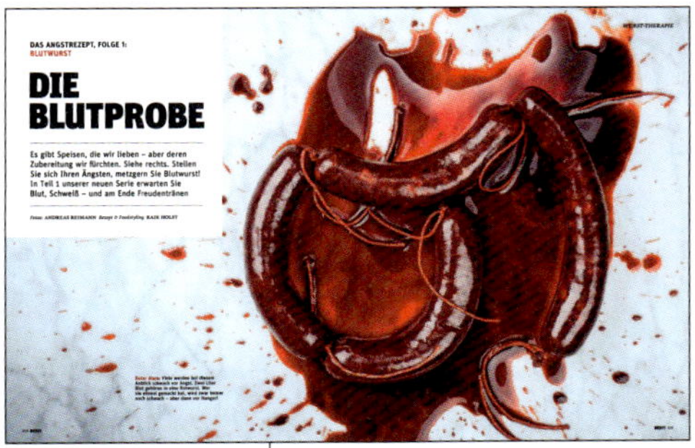

100 DAS ANGSTREZEPT
Kochen als Psychotherapie: Machen Sie Blutwurst!

150 SEKT STATT BIER, …
… das rat' ich Dir: Pet Nat, der neue Schaumwein mit dem Kronkorken

154 RELAXEN MIT ROULADEN
Auf diesen Mann hören Deutschlands bekannteste TV-Köche. Und wo schaltet er ab? In seiner Küche

S. 172 Leserseite
S. 173 Impressum

90 91 92 93 94 95 96 97 98 99 100 101 102 103 104 105 106 107 108 109 110 111 112 113 114 115 116 117 118 119 120 121 122 123 124 125 126 127 128 129 130 131 132 133 134 135 136 137 138 139 140 141 142 143 144 145 146 147 148 149 150 151 152 153 154 155 156 157 158 159 160 161 162 163 164 165 166 167 168 169 170 171 172 173 174 175 176 177 178

Zum Ausklappen!

126 SCHUPPEN-SPIELER
Vielleicht ist er der beste Metzger der Welt. Sein Markenzeichen: Bei ihm gibt's nur Fisch

174 ROHES NEST!
Der BEEF!-Shop feiert Ostern: mit Wolf, Mixer und Whisky

108 RIPPENBEKENNTNIS
Das große Grillmenü mit Hammer-Koteletts vom Kalb – mariniert in Kakao, Chilis und Kräutern

160 BLACK MAGIC
Höllenlecker: Der Sellerie zeigt seine dunkle Seite. Und wir fallen vom Glauben ab und essen Gemüse

GEFRAGT

SERIE
SO SCHMECKT DIE WELT

WIE SCHMECKT EIGENTLICH …

Blattschneiderameise?

Mit ihren Zangen können sie Blätter zersäbeln – unser Autor Andrzej Rybak hat sie sich dennoch auf der Zunge zergehen lassen. Hier sein Bericht:

„Im mexikanischen Zimatlan bereitet Dona Amaya gerade mein Frühstück vor. Die stadtbekannte Köchin nimmt eine Handvoll geflügelte Blattschneiderameisen aus einer Tüte und röstet sie kurz auf einer heißen Comal-Tonscheibe, die über einem Holzfeuer liegt. Die Flügel, die Antennen und die Beine fallen sofort ab – was bleibt, ist der runde, etwa sechs Millimeter dicke Hinterleib. Ich beiße hinein: Nicht schlecht! Es schmeckt nussig-würzig und entfaltet ein intensives Aroma.
Die Chicatanas, wie die Blattschneiderameise Atta mexicana hier genannt wird, krabbeln nach heftigen Regenfällen Ende Juni aus ihren unterirdischen Nestern, um zum Hochzeitsflug anzusetzen – und werden dann von Menschen gesammelt. Vorsicht: Die bis zu zwei Zentimeter großen Königinnen können empfindlich beißen!
Chicatanas sind eine teure Delikatesse, ein Literglas kostet auf den Märkten gut 40 Euro. Sie werden vor allem in einer Sauce serviert, die aus den gerösteten Insekten, angekohlten grünen Tomaten, getrocknetem Chili und Knoblauch besteht – gern zu Fleischbällchen. Und gesund sind sie: Ernährungswissenschaftler bescheinigen der Chicatana einen Proteingehalt von 32 Prozent – deutlich mehr als Rindfleisch."

NÄCHSTE FOLGE: Ei auf Beinen (kein Witz …)

DREI WICHTIGE FRAGEN …

- *IST DAS BEI UNS ERLAUBT? Anders als in Mexiko sind hier viele Ameisenarten bedroht und deshalb geschützt.*
- *WO GIBT'S DAS? In Mexiko bekommt man sie geröstet auf den Märkten und in den Top-Restaurants als Gericht.*
- *WAS TRINKT MAN DAZU? Geröstete Chicatanas werden als Snack zum Bier oder Agavenschnaps Mezcal serviert.*

STICH INS HERZ?

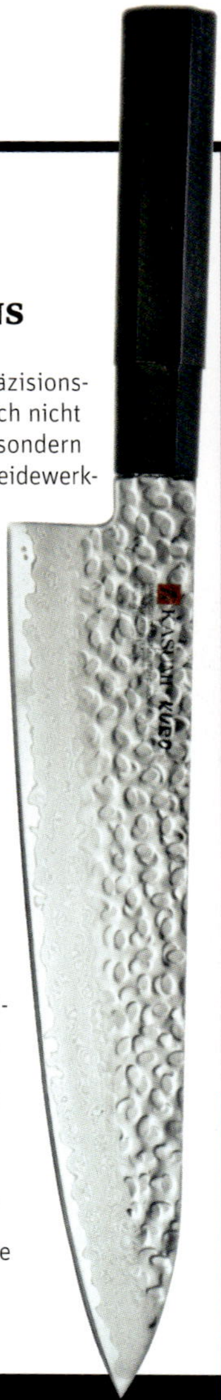

Japanische Präzisionsarbeit zeigt sich nicht nur bei Sushi, sondern auch bei Schneidewerkzeugen: Der oktogonale Holzgriff des Kasumi-Kuro-Messers von Chroma liegt perfekt in der Hand! Und mit der 24-Zentimeter-Klinge mit Hammerschlag-Finish lassen sich Fleisch, Gemüse und Fisch so präzise schneiden, dass selbst Sushi-Meister von der Rolle sind.
Ca. 200 Euro, über kochmesser.de

QUADRATUR DER BOHNE?

Ist es eine Hutablage? Ist es Kunst? Weder noch – es ist eine Espressomaschine. Und was für eine: Die AnZa Concrete kommt in Waschbetonoptik, mit Armaturen und Griffen aus Porzellan. Das beste aber ist ihr Espresso – ein wirklich starkes Stück.
Ca. 1200 Euro, über anzacoffee.com

HÄTTEN SIE'S GEWUSST?

19 936

TONNEN LAMMFLEISCH WURDEN 2020 IN DEUTSCHLAND PRODUZIERT. DAS IST FAST DIE HÄLFTE MEHR ALS 2009

SEEMANNSGARN?

Drei Männer machen ihren Traum wahr: Auf einem Segler transportiert Cornelius Bockermann (Mitte) ein Fass Sojasauce von Markus Shimizu (links) um die halbe Welt. Auch an Bord: Balsamico-Essig. Am Ende der 16 782,7 Seemeilen weiten Reise darf Ideegeber Florian Gröne (rechts) die Fässer im Hamburger Hafen löschen. Wer ein Schlückchen testen will: 100 ml Sail-Aged-Basalmico-Essig um 15 Euro, 100 ml Sojasauce um 20 Euro, über sail-aged.de

FOTOS: T.BRADFORD/ISTOCKPHOTO.COM, CHROMA, ISAAC SMITH/ANZA, MADITA MEIWES/SAIL-AGED.DE

GEBACKEN

Pfundskerle: Alfredo Sironi hat ein Händchen für stattliche Brote – 1,8 Kilo wiegt ein Laib „Pane di Sironi“

In Berlin backt* Alfredo Sironi, *39, Brot, wie man es sonst nur in Italien bekommt. Ein Geheimrezept? Hat er nicht: Man kann ihm durchs Schaufenster bei der Arbeit zusehen – und selbst seine wichtigste Zutat verrät er

Alfredo Sironi backt ein goldgelbes Hartweizengrießbrot mit krachender Kruste und grober Krume, herrlichen Röstaromen und sanfter Süße, außerdem die vielleicht beste Focaccia der Stadt. Woher er das hat? Sein Handwerk erlernte er im Betrieb der Eltern am Comer See, und auch die Mehle für seine „Pane di Milano“ kommen aus Italien. Sironi verzichtet rigoros auf Fertigmischungen und chemische Tricks und gibt seinen Teigen stattdessen das zurück, was ihnen heute oft fehlt: Zeit. Bis zu 20 Stunden darf das Brot gehen. „Und wenn es dann noch nicht fertig ist, muss man eben noch einmal eine Stunde warten“, sagt Sironi. „So etwas kann die Industrie nicht leisten.“ Er aber schon. Und seine Kunden wissen das zu schätzen: Kürzlich hat Sironi neben seiner Bäckerei in Kreuzberg eine zweite mit Café in Schöneberg eröffnet. Dort bekommt man frische Cornetti, Brioches und Maritozzi, Hefebrötchen mit Rosinen. Und gleich nebenan backt Sironi jetzt auch Pizzen. Schließlich haben nicht nur Brote einen guten Teig verdient.

Sironi – Il pane di Milano, Eisenbahnstr. 42–43 (in der Markthalle 9), 10997 Berlin; und Goltzstr. 36, 10781 Berlin, sironi.de

FOTO: SEVERIN WOHLLEBEN FÜR BEEF!

GEFISCHT

FERNKÖSTLICH

Kennt man sonst ja nur von Speiseeis: je größer der Stiel, desto größer der Spaß! Aber auch der Wok Canton des Schweizer Küchenprofis Spring besitzt einen extralangen, ergonomisch geformten Holzgriff – ein Handschmeichler, den man gar nicht mehr loslassen möchte. Nur noch einmal schwenken, bitte, nur noch ein einziges Mal! Länge 60 cm, Durchmesser 30 cm, ca. 89 Euro, über spring.ch

HOCH DIE FLOSSEN

Fischfreunde, zuschnappen! Wer oft Zander, Dorade oder Forelle einheizt, sollte sich „Easy BBQ" von Küchenprofi angeln. Klappe auf, Flossentier rein, Klappe zu: Die Fischgrillzange aus unverwüstlichem, verchromtem Metall macht einiges mit. Und im Handumdrehen gereinigt ist sie auch. Maße: 43 x 13 x 3,5 cm, ca. 8 Euro, über kuechenprofi.de

SCHWAMMGURKE DRÜBER!

Liebe Schwamm- oder Luffa-Gurke, sorry! Viel zu lange haben wir dich links liegen lassen, bis du ganz hart wurdest, nur damit wir dich als Badeschwamm benutzen konnten. In Asien weiß man dich hingegen als Vitamin-C-reiches Gemüse mit erdigem Geschmack zu schätzen, ob roh oder gekocht. In Zukunft haben wir dich zum Fressen gern, versprochen! 300 g ca. 4,80 Euro, über fresh-tasia.com

KERNSPALTUNG

Olivenmarmelade? Klingt erst mal komisch. „Fruchtanteil von 85 Prozent, ohne Zusatz von Aromen" und „hergestellt in einer kleinen Manufaktur in Griechenland" klingt schon besser. Am besten klingen aber wir beim Essen: „Hmmh". 230 g für ca. 7 Euro, über oschaetzchen.com

BRETT VORM TOPF

In der Designschmiede byWirth blickt man aus neuer Perspektive aufs gute, alte Schneidebrett. Genauer: aus einem 45-Grad-Winkel. Der befindet sich an den Seiten des Eichenholzes und ermöglicht, mehrere Bretter nahtlos aneinanderzufügen, etwa um Kräuter umzuheben. Größe Big: 50 x 30 x 2 cm, um 110 Euro, bywirth.com

FOTOS: SPRING, KÜCHENPROFI, OSCHÄTZCHEN, FRESH-TASIA.COM, BYWIRTH

GEBUNKERT

FOTO: JONAS BENDIKSEN/MAGNUM PHOTOS/AGENTUR FOCUS

Arche Noah

Hier handelt es sich nicht um die Festung eines Bond-Bösewichts, sondern um den Saatgut-Tresor „Svalbard Global Seed Vault" auf der norwegischen Inselgruppe Spitzbergen. Rund 1300 Kilometer vom Nordpol entfernt lagern knapp 1,2 Millionen Samenproben von Mais, Reis, Weizen und anderen Nutzpflanzen, damit sie nach einem Katastrophenfall nachgezüchtet werden können. Noch im Eröffnungsjahr 2008 brachten hohe Temperaturen den Permafrost zum Schmelzen und führten zu einem Wassereinbruch. Die letzte Sanierung kostete 20 Millionen Euro – und es gibt durchaus Stimmen, die sagen, dass man das ganze Geld auch zum Schutz von Ökosystemen hätte verwenden können, wo die Pflanzen einfach wachsen und gedeihen.

GEZEICHNET

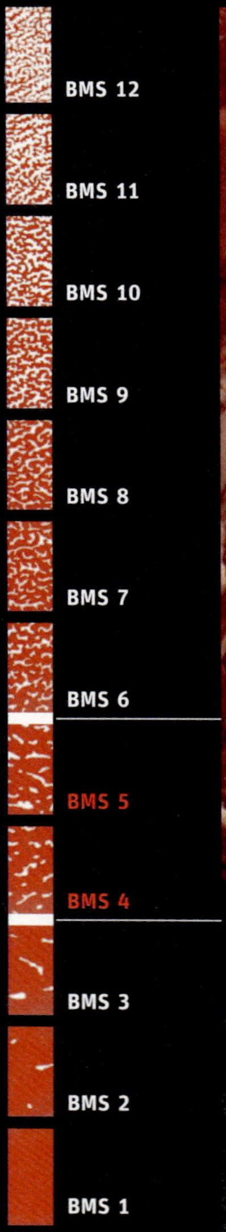

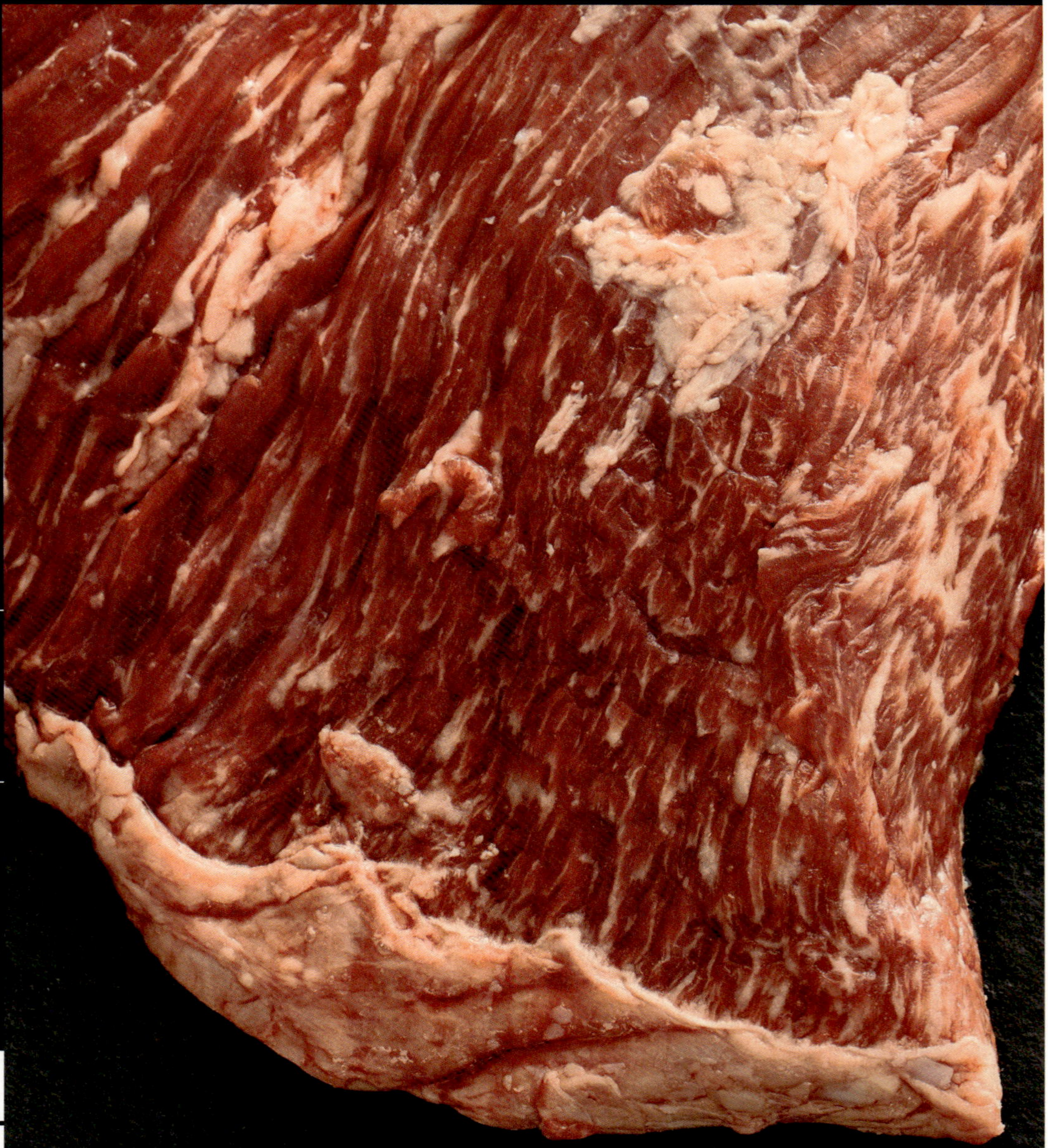

MARMOR DES MONATS

BMS* 4–5

CUT

Insider kennen das Flap Steak unter anderem als Bavette d'Aloyau. Die Fasern des schrägen Bauchmuskelstücks sind gröber, die Marmorierung ist relativ stark.

ZEICHNUNG/FETT/HERKUNFT

Die Black-Angus-Rinder grasen den Großteil ihres Lebens auf den Weiden der Great Plains Nordamerikas. Da nur Grünzeug nicht für eine ordentliche Marmorierung reicht, wird die letzten vier Monate Mais dazugefüttert. Dadurch wird das Fleisch schön rot und das Fett verteilt sich gleichmäßig.

ZUBEREITUNG

Das Steak kurz einölen und von beiden Seiten auf dem Grill oder in einer Pfanne aus Gusseisen anbraten. Danach kommt das Stück in den Ofen, um fertig zu garen. Uns schmeckte es bei 55 Grad Kerntemperatur am besten. Kurz vor dem Servieren sollte es unbedingt zehn Minuten ruhen. Und nicht vergessen: immer quer zu den Fasern schneiden.

EINKAUF

Der deutsche Fleischversender Don Carne ist bekannt für feinstes Rindfleisch aus der ganzen Welt. Das US Black Angus Flap Steak gibt es als frische oder schockgefrostete Variante und kostet bei einem Gewicht von circa 600 Gramm ungefähr 30 Euro (Kilopreis 49,80 Euro). Bestellt wird es online auf doncarne.de

** Internationaler „Beef Marbling Standard" (Skala 1–12)*

FOTO: JORMA GOTTWALD; FOODSTYLING: MARCEL STUT/BEIDE FÜR BEEF!

PROBIERT

SUPER SCHOTE

Dass Johannes der Täufer bei der Durchquerung einer Wüste nur eine Handvoll Johannisbrot als Proviant dabei hatte, wagen wir zu bezweifeln – wahr ist aber, dass sich die gemahlenen Hülsenfrüchte des Johannisbrotbaums sehr gut zum Backen von Kuchen, Keksen und Waffeln oder als Kakaoersatz eignen. Zumal das Pulver süßer als Kakao schmeckt und weniger Fett enthält – und dazu noch reich an Vitamin A, B, Calcium und Eisen ist. Und als wäre das nicht genug: Den braunen Schoten wird außerdem eine aphrodisierende Wirkung nachgesagt.

Ganze Johannisbrotschoten sind im Internet über orient-feinkost.de erhältlich. Produkte wie Mehl oder Schokolade gibt es in Bio-Läden und Reformhäusern.

FOTO: ROLLINGPIN.COM

GEBLUTET

BEEF!-INFOGRAFIK (38): BLUT & WASSER ALLES ÜBER DEN ROTEN LEBENSSAFT

	A	B	AB	O
A	spenden, erhalten		erhalten	spenden
B		spenden, erhalten	erhalten	spenden
AB	spenden	spenden	spenden, erhalten	spenden
O	erhalten	erhalten	erhalten	spenden, erhalten

SPENDEN ERHALTEN

REGER AUSTAUSCH

Menschen mit der Blutgruppe AB können von allen Typen Blut erhalten, aber nur an ihre eigene Blutgruppe spenden. Typ A kann wiederum nur Blut von Typ A oder O erhalten, aber nur an Typ A und AB spenden. Typ B kann Blut an B oder AB spenden, aber nur von Typ B oder O welches erhalten. Und Typ O wiederum kann nur Blut von der gleichen Blutgruppe erhalten, aber dafür an alle anderen Blutgruppen spenden. Alles klar?

BLUTWÜRSTE DER WELT

BLACK PUDDING / ENGLAND **BIROLDO** / ITALIEN • **BLUTWURST** / DEUTSCHLAND • **BOUDIN NOIR** / FRANKREICH • **DRISHEEN** / IRLAND **KISHKA** / POLEN • **MORCILLA** / SPANIEN • **MORONGA** / MEXIKO **MUSTAMAKKARA** / FINNLAND **VERIVORSTID** / ESTLAND

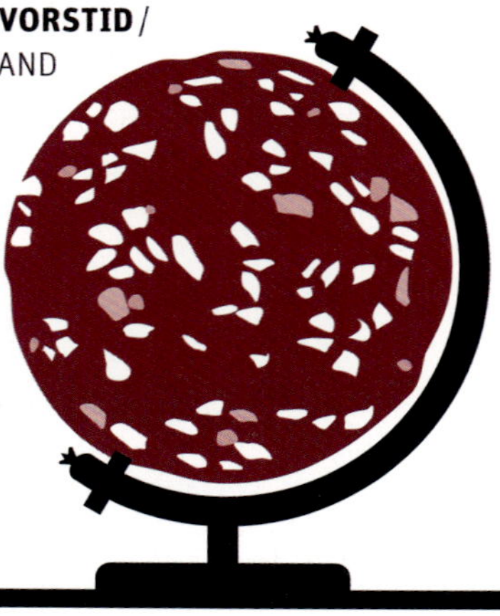

O'ZAPFT IS!

Nein, Dracula ist eine fiktive Figur, aber nicht der einzige mit einer Vorliebe für Warmblüter: Bei den Massai wird die Halsvene von Rindern zum Anschwellen gebracht und angeritzt, das Blut in einer Kalebasse aufgefangen, nach einer zweitägigen alkoholischen Gärung, direkt und pur – oder mit Milch vermischt – getrunken. Dabei wird nur so viel Blut entnommen, dass die Tiere nicht zu Schaden kommen.

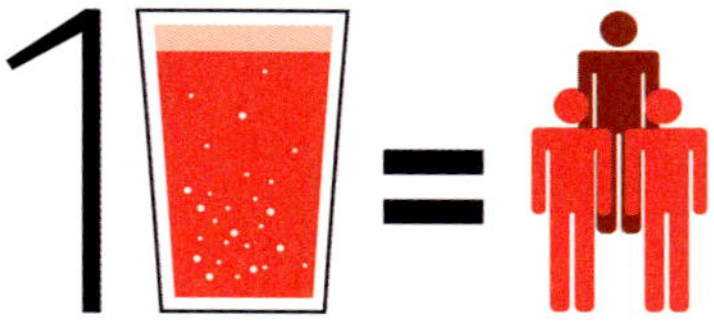

1 LITER BLUT SPENDEN RETTET BIS ZU 3 LEBEN

DUNKLE SCHOKOLADE SENKT DEN BLUTDRUCK. WEISSE NICHT.

RIEN NE VA PLUS

15 % Verlust des Bluts sind für einen Menschen unproblematisch (4,5 bis 6 Liter fließen im Durchschnitt durch den Körper).
20 % Ab dieser Prozentzahl wird es langsam kritisch.
40 % Verliert ein Mensch diese Menge, ist Eile geboten und eine sofortige Transfusion nötig.

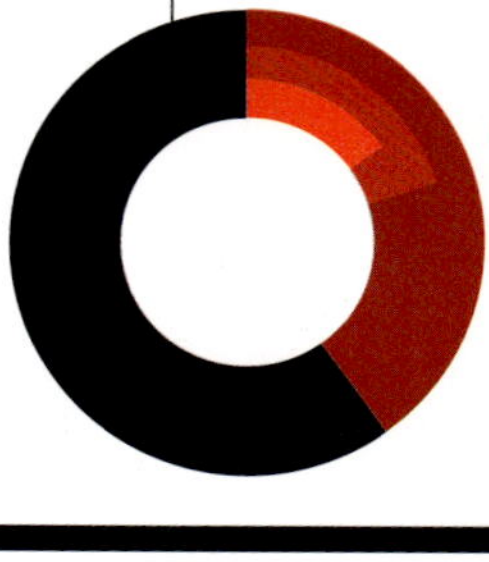

DAS ROTE VOM EI

ES GILT ALS ABFALLPRODUKT DES SCHLACHTENS, DABEI KANN MAN BLUT PRIMA IN DER KÜCHE NUTZEN – UND WIR REDEN HIER NICHT NUR ÜBER BLUTWURST, SONDERN ÜBER BLUT ALS ERSATZ FÜR EIER. BEIDE VERFÜGEN ÜBER EINE ÄHNLICHE PROTEINSTRUKTUR, ENTHALTEN DAS EIWEISS ALBUMIN UND REAGIEREN ÄHNLICH AUF ERWÄRMUNG ODER DAS AUFSCHLAGEN. WAS MAN NUN MIT BLUT HERSTELLEN KANN? ZUM BEISPIEL BAISER, MACARONS, NUDELN, VANILLEPUDDING, EISCREME UND SOGAR KUCHEN. EINZIGER HAKEN AN DER SACHE: ALLE RESULTATE HABEN EINE VERDÄCHTIGE DUNKELROTE FARBE…

Vergessen Sie das mit den Aristokraten: Blau ist das Blut der meisten Schnecken, Spinnen, Skorpione, Krebse und Hummer.

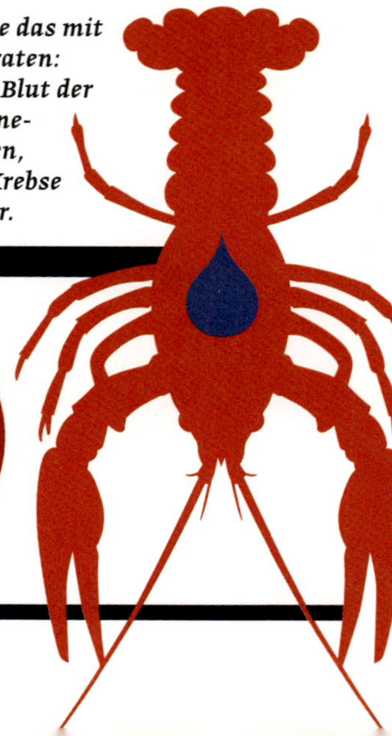

ILLUSTRATIONEN: DAVID JEHN; RECHERCHE: WIEBKE BRAUER/BEIDE FÜR BEEF!

Floris van Bommel
9th generation shoemaker
since 1734
Floris van Bommel

GEWÄSSERT

BEEF!-INFOGRAFIK (38): BLUT & WASSER UND WISSENSWERTES ÜBER GÄNSEWEIN

KOSTBARES NASS

10 thousand BC, Kanada – ***Gletschereis aus der Eiszeit*** – *um 20 Euro für 0,75 l*
Fillico Roi, Japan – ***Swarovski-Steine, Gold, Silber*** – *um 200 Euro für 0,75 l*

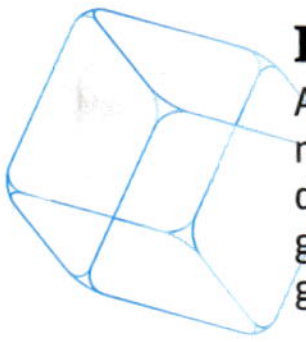

DAS EIS IST HEISS

Als **Mpemba-Effekt** bezeichnet man das seltsame Phänomen, bei dem unter bestimmten Bedingungen heißes Wasser schneller gefriert als kaltes Wasser.

DIE QUELLE DES ALKOHOLS

DER BEGRIFF „WODKA" – AUF DEUTSCH „WÄSSERCHEN", LÄSST SICH VERMUTLICH AUF DAS RUSSISCHE „ZHIZNENNIA VODA" ZURÜCKFÜHREN, WÄHREND SICH DAS WORT „WHISKY" AUS DEM GÄLISCHEN „UISGE BEATHA" ENTWICKELTE. WAS BEIDES AUF DEUTSCH BEDEUTET: „WASSER DES LEBENS".

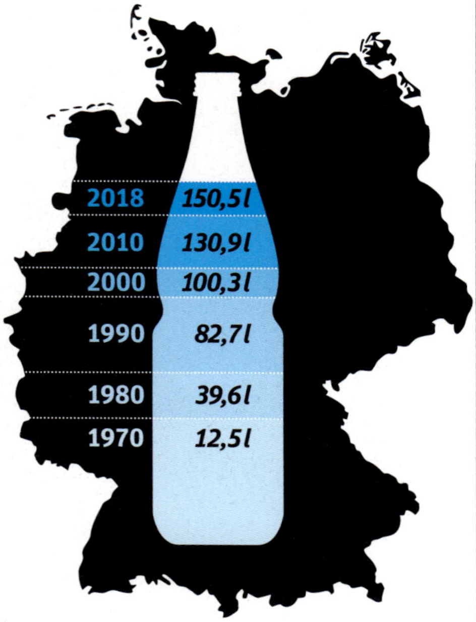

WASSER, MARSCH! Der Pro-Kopf-Konsum pro Jahr von Mineralwasser ist in den letzten 5 Jahrzehnten explodiert (vor 1990 nur BRD, ab 1990 Gesamtdeutschland).

WASSER STATT WEIN

Ungefähr 160 zertifizierte Wassersommeliers gibt es in Deutschland. Nach einem zehntägigen Kurs haben sie unter anderem gelernt, dass zu herzhaftem Essen sprudelndes, natriumreiches Wasser passt und zu Süßspeisen eher stilles, natriumarmes. Und: Wassersommeliers schlürfen beim Verkosten, beurteilen aber erwartungsgemäß nicht die Farbe des Wassers. Der Begriff ist übrigens nicht geschützt.

25

BADEWANNEN VOLL WASSER WERDEN BEI DER HERSTELLUNG EINES BURGERS VERBRAUCHT

WELTWEIT WERDEN **70 %** DES SÜSSWASSERS FÜR DIE HERSTELLUNG VON NAHRUNG VERBRAUCHT.

MINERALWASSER STAMMT AUS UNTERIRDISCHEN, VOR VERUNREINIGUNGEN GESCHÜTZTEN VORKOMMEN UND WIRD DIREKT AM QUELLORT ABGEFÜLLT. **HEILWASSER** UNTERLIEGT DEM ARZNEIMITTELGESETZ UND HAT MINERALSTOFFE, DIE NACHWEISLICH LINDERN. **TAFELWASSER** KANN EINE KÜNSTLICHE MISCHUNG AUS LEITUNGSWASSER MIT EINEM ZUSATZ WIE SALZWASSER SEIN. **QUELLWASSER** ENTSPRINGT ZWAR UNTERIRDISCH, GENÜGT ABER NUR DEN ANFORDERUNGEN FÜR TAFELWASSER. **LEITUNGSWASSER** WIRD SO STARK KONTROLLIERT WIE KEIN ANDERES LEBENSMITTEL IN DEUTSCHLAND.

OH, WIE ES PERLT!

Er war vielleicht nicht der erste, aber zumindest der erfolgreichste: 1772 gelang dem Theologen, Philosophen, Chemiker und Physiker Joseph Priestley die Herstellung von Sodawasser, indem er Schwefelsäure in eine kalkhaltige Lösung leitete und das entstandene Kohlenstoffdioxid in einem Becher mit Wasser löste. Nicht lange, und das Sodawasser wurde in Apotheken verkauft, man entwickelte die Apparatur weiter – und bereits 1781 eröffnete ein gewisser Thomas Henry eine Fabrik, in der Sodawasser industriell produziert wurde.

ILLUSTRATIONEN: DAVID JEHN; RECHERCHE: WIEBKE BRAUER/BEIDE FÜR BEEF!

DEINEN ERSTEN
LAPHROAIG
VERGISST DU NIE
1815 ESTABL
LAPHROAIG
ISLAY SINGLE MALT
SCOTCH WHISKY
AGED 10 YEARS
OPINIONS WELCOME™
DRINK SMART®

GEHEIMNISKRÄMEREI

WAS LIEGT BEIM SCHWEIN GUT VERSTECKT ZWISCHEN RÜCKEN- UND LENDENSPECK? OKAY, WIR VERRATEN ES: DAS SECRETO DE PORCO, AUCH CRUCETA GENANNT. MANCHE KENNEN ES AUS DEM FRANKFURTER BEEF!-RESTAURANT – UND HIER IST DAS REZEPT FÜR ZU HAUSE

Black Angus Steak aus dem einsehbaren Reifeschrank? Oder vielleicht eine Bloody Mary mit einem Streifen Bacon? Die besten Cuts und die kreativsten Cocktails finden Sie bei **BEEF! GRILL & BAR** in der Europa-Allee 14 in Frankfurt am Main. Alle Informationen und die Speisekarte auf beef-grillbar.de

SECRETO DE PORCO MIT SPARGEL UND TRÜFFELÖL

ZUTATEN für 2 Portionen

200 g grüner Spargel
3 EL Olivenöl
Meersalz
Pfeffer aus der Mühle (z. B. Malabar-Pfeffer)
50 g feine Rauke
360 g Secreto de Porco („geheimes Filet“; aus dem Rücken geschnitten)
25 g Parmesan im Stück
einige Tropfen feinaromatisches Trüffelöl

1. Spargel waschen, unteres Drittel schälen, eventuell angetrocknete Enden großzügig abschneiden. Olivenöl, etwas Salz und Pfeffer verrühren. Spargel untermischen. Rauke verlesen, waschen und trocken schleudern.
2. Grill inklusive Plancha auf hohe Temperatur vorheizen. Fleisch gründlich trocken tupfen und entlang der Fleischfaser in etwa 2 cm breite Streifen schneiden. Mit Salz und Pfeffer würzen. Spargel auf der Plancha unter Wenden etwa 3–5 Minuten grillen. Fleischstreifen direkt etwa 2–3 Minuten scharf angrillen.
3. Secreto und Spargel auf Tellern anrichten. Parmesan darüberhobeln und mit Rauke garnieren. Das Trüffelöl überträufeln, servieren.

Zubereitungszeit: ca. 25 Minuten

FOTO FOOD: KRÖGER & GROSS; REZEPT: BEEF! GRILL & BAR; FOODSTYLING: MARCEL STUT; FOTO RESTAURANT: MAREK VOGEL/ALLE FÜR BEEF!

GESCHMOLZEN

GRILLKLINKE Der Deckelgriff aus schwarzem Duroplast schließt sanft, aber mit Nachdruck die Klappe

BURNER Die gusseisernen Grillplatten verkraften auch hohe Temperaturen – und verleihen Toast und Fleisch so feine Röstaromen

SCHWERGEWICHT Durch die gusseisernen Grillplatten und das Gehäuse aus Edelstahl wiegt der Grill stolze 13,2 Kilo

KONTROLLFREAK Dank Thermostat und Temperaturleuchte lässt der Sandwichgrill wirklich nichts anbrennen

KRÜMELMONSTER Ein Becken aus lackiertem Stahlblech schluckt Brösel und Bratfett

HANDSCHMEICHLER Der Ein-aus-Schalter hat einen ergonomischen Soft-Touch-Knopf

MAKE MY DAY!

FÜR UNS IST ER IMMER NOCH DER SANDWICHMAKER. IN ITALIEN ABER HAT MAN DEN KONTAKTGRILL ZUM KULTURGUT ERHOBEN – UND MACHT DAMIT NICHT NUR PANINIS, SONDERN AUCH FLEISCH, FISCH UND BURGER. KÖNNEN WIR AUCH!

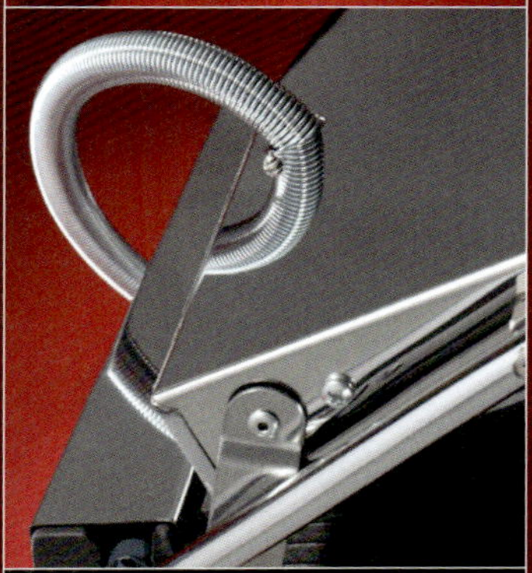

Drehmoment: Die Temperatur lässt sich stufenlos bis 300 Grad regulieren. Die Sandwichs werden zwischen den heißen Platten gleichmäßig und schnell von beiden Seiten erhitzt und sind in Minuten fertig. Fisch, Fleisch und Gemüse bleiben zart und saftig.

Presseabteilung: Die obere Grillplatte ist variabel justierbar: der Schließdruck kann mittels zweier Schrauben an der Rückseite stärker oder schwächer eingestellt werden.

Saubermann: Die gusseisernen Grillplatten sind mit einer Antihaftbeschichtung aus Keramik überzogen. Dadurch ist die Reinigung mit der mitgelieferten Bürste ein Kinderspiel – auch bei Käsekrusten.

FOTOS: KRÖGER & GROSS FÜR BEEF! (4), HERSTELLER (3)

VERGESSEN SIE Toast Hawaii! Es gibt Dinge, die können Italiener einfach am besten: Espresso zählt dazu, lässiges Rumstehen ebenfalls. Und auch bei belegten Broten und überbackenen Toasts machen die Italiener bella figura.

Das hat zwei Gründe. Zum einen hat man dort schon vor Jahren verstanden, dass es zwischen den Mahlzeiten Momente gibt, die nach etwas Besonderem verlangen: Zwischenmahlzeiten. Zum anderen hat man dort eine Vorliebe für schöne Technik. Dieser Mix aus spontaner Genusssucht und Spieltrieb bescherte der Welt schon die Espressomaschine. Und ganz ähnlich hat man in Italien auch das tägliche Rösten und Braten mit dem Kontaktgrill perfektioniert, bei uns besser bekannt als Sandwichmaker.

In fast jeder italienischen Bar steht neben der Espressomaschine so ein schwerer, gusseiserner Sandwichgrill und röstet von Sonnenaufgang bis in die Nacht. Und eben nicht nur Paninis, belegt mit Schinken, Salami, Rucola oder Tomaten, und dann mit Mozzarella oder anderem Käse überbacken. Man schiebt dem Grill auch mal schnell ein paar Tomaten- und Zucchinischeiben ins Maul, danach noch flott ein Bun und ein Hack-Patty – fertig ist der Blitz-Burger.

Und genauso spontan verfährt der Italiener auch mit Seafood. Für solch schnelle Nummern braucht es allerdings den richtigen Kontaktgrill – mit gehörig Power und Platten, die nichts anbrennen lassen und schnell zu reinigen sind. Wie den Milantoaster Kontaktgrill GR/GR. Der hat 1730 Watt Leistung, die 29 x 25 Zentimeter großen Grillplatten bietet ausreichend Platz und im Handumdrehen sauber sind sie auch. Also räumen Sie schnell den Platz neben Ihrer Espressomaschine frei! Milantoast, 319 Euro, über milantoast.com

1

2

3

KOMPAKTKLASSE

1. Alleskönner Die austauschbaren Platten (geriffelt und glatt) eignen sich bestens für Brot. Zudem lässt sich der Grill in ein Cabrio verwandeln und macht so Platz für Fleisch und Fisch. *De Longhi, Multigrill CGH 1020D, 219 Euro, über delonghi.com*

2. Roboter Intelligente Sensoren erledigen die ganze Arbeit: Anhand des Gewichts wird die Grilldauer bestimmt und ein Signal zeigt an, wann das Sandwich fertig ist oder das Steak rare, medium oder well done. *Tefal, OptiGrill Elite XL GC760D, um 320 Euro, über saturn.de*

3. Heisses Eisen Dank 2400 Watt starker Heizelemente und smartem Display heizt der Grill nicht nur Sandwichs, sondern auch jedem anderen Grillgut ordentlich ein. *Sage, the Smart Grill Pro, um 400 Euro, über sageappliances.com*

GELIEBT

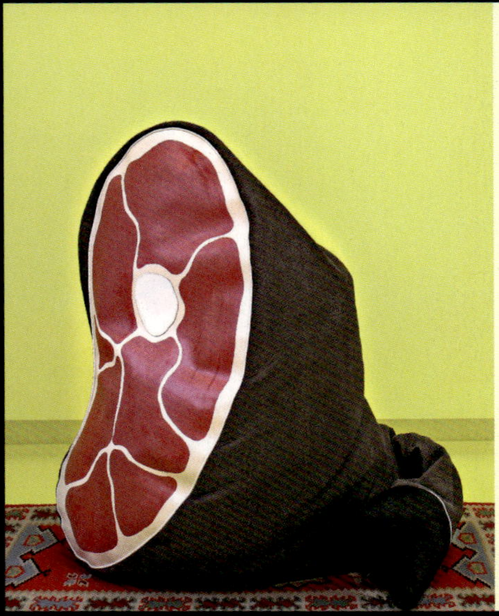

ROHE SANFT!

Gerüchten zufolge sollen schon Männer im Morgengrauen aufgewacht sein, während sie genussvoll auf dem Sitzsack „Pata Negra" herumkauten. Also besser nie hungrig ins Bett gehen. Vom Designlabel Aufschnitt Berlin, ca. 480 Euro, über aufschnitt.net

SAFT TANKEN

Der Südtiroler Thomas Kohl behandelt seine Direktsäfte aus historischen Obstsorten wie andere edelsten Champagner. Da scheint es nur konsequent, dass er die erlesenen Abfüllungen „Wintercalville" und „Ananasrenette" auch in Magnumflaschen anbietet. Die 1,5 Liter sortenreiner, naturtrüber Bergapfelsaft sind ein riesiger Genuss – und trotz XXL-Größe natürlich viel zu schnell ausgetrunken. Magnumflasche ca. 25 Euro, über kohl.bz.it

BRUST RAUS!

Wirklich nie sollte man die Porzellandose „Georgia" des New Yorker Künstlers Jonathan Adler als Bonboniere im Büro aufstellen. Man wird manche Kollegen einfach nicht mehr los. Nicht, dass wir da aus Erfahrung sprechen würden. Ca. 153 Euro, über desiary.de

NICHT NUR FÜR TOREROS

Unten spitz, oben spitz: Die matt verchromte Bull-Fork-Fleischgabel von Steak Champ packt man bei den Hörnern und hebt damit selbst eine Rinderbrust ganz leichthändig vom Grill. Ca. 27 Euro, über steakchamp.de

ALLZEIT BEREIT

Ein treuer Begleiter durch die müden Momente des Lebens (Geburt des ersten Sohnes, Steuererklärung, Geburt der vierten Tochter): Der „Specialty Instant Coffee" von Blaek passt in jede Jackentasche. Aus kolumbianischem Arabica, sechs Portionen ca. 7 Euro, über blaek.coffee

FOTOS: HANNAH FRANIK/AUFSCHNITT, DESIARY.DE, STEAK CHAMP. BLAEK, KOHL, FLOORTIE/ISTOCKPHOTO.COM

STEAK-NAVIGATOR

Feinkosthändler Uli Niklaus aus Nürnberg fand es einfach unbefriedigend, seinen Kunden mit zweidimensionalen Schaubildern von Rindern erklären zu müssen, woher beispielsweise das Rib Eye stammt. Ein dreidimensionales Modell suchte er im Internet jedoch vergebens. Und so entwickelte Niklaus kurzerhand eine eigene 3-D-Darstellung mit 22 der gängigsten Steak-Cuts – zu finden auf seiner App „Beef Cuts 3D", über die man die Stücke auch bestellen kann. Für iOS und Android, ca. 2 Euro

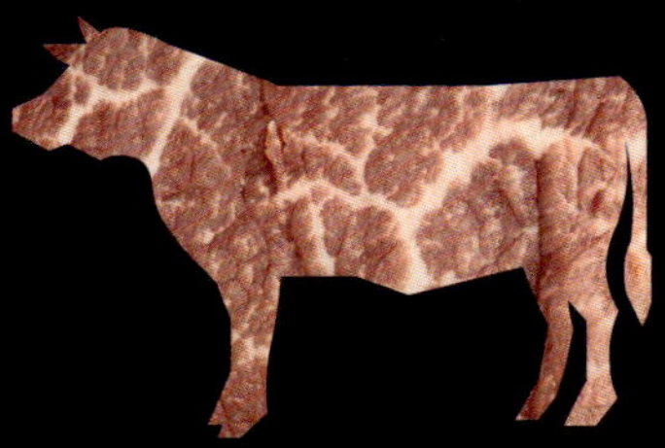

UND WER HAT'S ERFUNDEN?

Mal wieder die Schweizer! Diesmal entwickelten die Eidgenossen, genauer die Chocolatiers von Lindt, ein Verfahren, mit dem man dem sonst kaum genutzten Fleisch der Kakaofrucht die natürliche Süße entzieht. Die Edelbitterschokolade „Excellence Cacao Pur" konnte so ganz ohne jeden Zusatz von raffiniertem Zucker hergestellt werden. Man schmeckt intensive Noten der Kakaobohne und süßsäuerliche Essenzen des Fruchtfleischs, mehr nicht.
80-Gramm-Tafel für ca. 3,99 Euro, über lindt.de

GELEGT 1

Hier geht es schnell und hart zur Sache. Die Rede ist von raschen Salat-Variationen mit Ei

EIERSALAT MIT REMOULADEN-DRESSING UND KRESSE

Für 2 Portionen
5 Eier, 2 kleine Gewürzgurken (plus etwa 3 EL Einlegesud aus dem Glas), 1 Bund Schnittlauch, 1 Beet Gartenkresse, 80 g Salatmayonnaise, 50 g Naturjoghurt, 1 TL körniger Senf, Meersalz, Pfeffer aus der Mühle, Zucker

1. Eier anstechen und in kochendem Wasser 8 - 10 Minuten hart kochen. 2. Inzwischen Gewürzgurken abtropfen lassen und in feine Streifen schneiden. Schnittlauch waschen, gründlich trocken schütteln und in feine Röllchen schneiden. Kresse z. B. mit einer Küchenschere vom Beet schneiden. 3. Mayonnaise, Joghurt, körnigen Senf, Gurken-Einlegesud, Meersalz, Pfeffer und 1 Prise Zucker in einer Schüssel glatt verrühren und abschmecken. 4. Die Eier abgießen, in reichlich kaltem Wasser abschrecken und handwarm abkühlen lassen. Eier pellen. 1 Ei vierteln, restliche Eier in grobe Würfel schneiden oder hacken. Eier, Remouladensauce, Schnittlauch und Kresse mischen und auf Tellern anrichten.

FOTOS: JORMA GOTTWALD; REZEPTE & FOODSTYLING: ACHIM ELLMER

GELEGT 2

Nichts für Weicheier: unser Rezept mit grünem Spargel und Sardellen

EIER-SPARGEL-SALAT MIT KAPERN-VINAIGRETTE

Für 2 Portionen

5 Eier, 200 g grüner Spargel, 100 g Zuckerschoten, Meersalz, 3 eingelegte Sardellenfilets (Glas), 4 Stiele glatte Petersilie, 2 EL Weißweinessig, 4 EL Olivenöl, Pfeffer aus der Mühle, 1 Prise Zucker, 25 g eingelegte Kapern (Glas)

1. Eier anstechen und in Wasser 8 - 10 Minuten hart kochen. 2. Währenddessen Spargel nur im unteren Drittel schälen, eventuell angetrocknete Enden abschneiden. Stangen kalt waschen und schräg in mundgerechte Stücke schneiden. Zuckerschoten putzen, waschen und dritteln. Beides in kochendem Salzwasser mit noch leichtem Biss garen. Gemüse abschrecken und abtropfen lassen. 3. Inzwischen Sardellenfilets trocken tupfen und 1 Filet sehr fein schneiden. Petersilie waschen, trocken schütteln, Blätter abzupfen und fein hacken. Weißweinessig, Olivenöl, Meersalz, Pfeffer, Zucker, abgetropfte Kapern, Sardellenstückchen und Petersilie zu einer Vinaigrette verrühren. 4. Eier in reichlich kaltem Wasser abschrecken, handwarm abkühlen lassen und pellen. 1 Ei vierteln, restliche Eier grob hacken. Mit Gemüsemischung, übrigen Sardellenfilets und Vinaigrette mischen und anrichten.

BITTE UMBLÄTTERN

GELEGT 3

Zum Endspurt noch die Variante mit der einen oder anderen Krabbe und etwas Dill

EIER-KRABBEN-SALAT MIT DILL-DRESSING

Für 2 Portionen

5 Eier, 100 g Naturjoghurt, 2 EL Salatmayonnaise, 1–2 EL Sahnemeerrettich (Glas), Meersalz, Pfeffer aus der Mühle, Zucker, 50 g Friséesalat, 1/2 Bund Radieschen, 1/2 Bund Dill, 100 g Nordseekrabbenfleisch

1. Eier anstechen und in kochendem Wasser 8 - 10 Minuten hart kochen. 2. Währenddessen Joghurt, Mayonnaise, Sahnemeerrettich, Meersalz, Pfeffer und 1 Prise Zucker in einer Schüssel zu einem Dressing verrühren, würzig abschmecken. 3. Friséesalat verlesen, waschen, abtropfen lassen und in mundgerechte Stücke zerzupfen. Radieschen putzen, waschen und in feine Scheiben oder Stifte schneiden. Dill abwaschen, trocken schütteln und grob schneiden. Dill unter das Dressing rühren. 4. Eier abgießen und in reichlich kaltem Wasser abschrecken, handwarm abkühlen lassen und pellen. 1 Ei vierteln, restliche Eier grob schneiden oder hacken. Mit dem Dill-Dressing, Radieschen, Friséesalat und Krabbenfleisch mischen und auf Tellern anrichten.

FOTO: JORMA GOTTWALD; REZEPT & FOODSTYLING: ACHIM ELLMER

GERÜHRT

DREHORGEL

Kaffee aus der Autowerkstatt? Mais oui! Tatsächlich aber stellt Peugeot schon seit 1840 Kaffeemühlen her – Autos erst seit 1889. Bei der nostalgischen „Brésil“ lässt sich der Mahlgrad übers Rädchen unter der Kurbel regulieren. Und aufs Kegelmahlwerk gibt’s 25 Jahre Garantie. Um 115 Euro, de.peugeot-saveurs.com

WILDSCHWEIN-ATTACKE

Sauberer Blattschuss: Die Jungs von Wildling dämpfen Wildschweinfleisch im Apfelsud, grillen es, tränken es in einer rauchigen BBQ-Sauce und geben einen ordentlichen Schuss Whisky dazu. Und wir packen’s dann als Pulled Wildboar in den Buger! 435 ml, um 12 Euro, wildlingfood.de

PRETTY IN PINK

Lassen Sie sich nicht von der Farbe irritieren, die neue Inselküche der „Unit“-Linie von Cesar ist keine Zuckerpuppe! Korpus und Türen bestehen aus 2,2 cm dickem Aluminium, zudem lässt das Baukastensystem große Freiheit bei der Gestaltung. Selbst für einen runden Tisch ist Platz in der Ecke. Preis auf Anfrage, Infos über cesar.it

BRAUCHT MANN DAS?
FOLGE 2

GLASGRILLPLATTE

Was ist das genau? Eine hitzebeständige Platte aus einer neuartigen Glaskeramik, die man auf bis zu 920 Grad erhitzen kann. Kostenpunkt: rund 60 Euro.
Was soll man damit? Sie auf den Grill legen – und Fleisch und Fisch braten wie mit der Plancha. Das Versprechen: Fisch und Scampi, die auf Stahl fast immer anbraten, soll man hier rösten können, ohne dass die Hälfte des Grillguts kleben bleibt. Auch Pizza soll die Glasgrillplatte beherrschen, und Gemüse natürlich auch.
Was bringt sie wirklich? Für Grillgut wie Würstchen ist die Glasplatte suboptimal: Sie werden darauf nicht gleichmäßig braun und es fehlen die Röstaromen. Aber bei Seafood funktioniert sie perfekt: Fisch und Scampi haben nach dem Grillen die gleiche Größe wie vorher. Zudem kann man mit ihr problemlos ein Spiegelei-Bacon-Frühstück zubereiten. Und leicht zu reinigen ist sie auch.
Fazit Ein Muss ist die Glasgrillplatte nicht – aber ein tolles Spielzeug. Ein wenig ähnelt sie darin dem Handy: Vor seiner Erfindung hat’s niemand vermisst, danach will man sich ein Leben ohne nicht mehr vorstellen. Zumal man sich die Platte vom Hersteller Irlbacher passgenau auf seinen Grill zuschneiden lassen kann (über irlbacher.com). Das Standardmodell (300 x 265 x 4,8 mm) gibt’s über wohnen-und-waerme-live.de

FOTOS: PEUGEOT, WILDLING, ANDREA FERRARI/CESAR.IT, SCHOTT AG

GETRUNKEN 1

Geiler mit Keiler

Die sardische Winzerfamilie Carta hat Schwein – und das regelmäßig: In ihren Weinbergen gesellen sich immer wieder neugierige Wildschweine zu den Erntearbeitern. Die mutigen Tiere beeindruckten die Cartas sogar derart, dass sie ihren charaktervollen London Dry Gin nach ihnen benannten. Auch „Pigskin“ ist mit den typischen Kräutern Sardiniens, vor allem Myrte, Thymian, Fenchel und Salbei, kraftvoll und kompromisslos – oder einfach: saulecker!

Nach sechsmonatiger Reifung in Kastanienholz entfaltet „Pigskin“ Muskatnuss-, Butter- und Vanillenoten. 40 % Vol., 0,7 l, um 30 Euro, über shop.sardovino.de

FOTO: KRÖGER & GROSS FÜR BEEF!

DER ERSTE ZERLEGBARE
GASGRILL DER WELT
reddot award 2019
winner
SKOTTI
POWER.GAS.EVERYWHERE
500g
SKOTTI
SKOTTI
GRILL.EINFACH.ÜBERALL.
SKOTTI-GRILL.EU

GETRUNKEN 2

Hut ab!

Wer auch immer auf die Idee kam, Tequila-Flaschen einen Plastik-Sombrero aufzusetzen – keine schöne Idee. Zum Glück gibt es den Agaven-Brand inzwischen mit geschmackvollem Design: Für diesen hier baut die mexikanische Destillerie Hacienda de Oro die Agaven selbst an und erntet die Pflanzen erst nach mindestens sechs Jahren. Die Maische gärt mit Naturhefe, was nach dem zweifachen Brennen für eine leichte Säure und feine Vanillenoten sorgt.

Für echten Tequila dürfen übrigens nur sogenannte Blaue Weber-Agaven benutzt werden – wie hier. 45 % Vol., 0,5 l, um 35 Euro, über mayaciel.de

FOTO: HERSTELLER

SEIT 2015
WALDEN
ABENTEUER VOR DER HAUSTÜR
Wenig Platz
ZUM
SCHLAFEN
aber viel zum
TRÄUMEN.
Nr. 22
WALDEN
SEIT 2015
GEO WALDEN
ABENTEUER VOR DER HAUSTÜR
Kommt auf Touren
Für Kurvenkratzer:
Unterwegs mit Camper, Fahrrad & Co
Hotel Allrad
Arbeit auf Abwegen
Spurensuche
Die besten Stellplätze
PLATZ DA!
für Frühjahr & Sommer
ALLES
FÜR DAS
DRAUSSEN
IN DIR.
Heft oder Abo bestellen unter
walden-magazin.de/abo

Butter Aging

Jetzt auf Rezept:

BUTTER-RIND-KUR

Auch wir Männer besitzen mütterliche Gefühle. Und wollen, dass unsere kleinen Steaks es mal besser haben im Leben: Darum packen wir sie dick in Butter ein und lassen sie reifen. Wenn sie später einmal kross sind, schmecken sie dann noch aromatischer, zarter und saftiger

Fotos: ANDREAS REIMANN *Rezept & Foodstyling:* RAIK HOLST *Text:* OLIVER VOM HOFE

Alles in Butter! Für Griller auf der Suche nach dem ultimativen Kick ist dies die Antwort – auf die Frage, wie man aus einem ohnehin perfekten Cut noch mehr Geschmack herauskitzelt. Das sogenannte „Butter Aging" ist gerade in aller Munde, und das nicht nur, weil es neu ist. Denn anders als beim Wet oder Dry Aging wird dem Fleisch hier noch ein zartes Butteraroma mitgegeben. Wer's noch nicht probiert hat und einen Vorgeschmack haben will, muss im Netz nur kurz in die verzückten Gesichter derer schauen, die zum ersten Mal Butter Aged Beef auf der Zunge schmelzen lassen.

Um sich die volle Butter-Bazooka zu geben, muss man beim Aging und später bei der Zubereitung allerdings einiges beachten (Details siehe rechts). Im Prinzip aber ist das Verfahren ganz einfach: Man nehme gut zwei Kilo kurz abgehangenes Fleisch, z. B. Entrecôte, und ummantele es zwei Zentimeter dick mit Butter. Das kann eine der handelsüblichen Marken sein, aber auch Kräuter- oder Meersalzbutter. Ist die goldene Streichfett-Skulptur fertig, wandert sie für zehn Tage bei circa einem Grad Celsius am besten in den Reifeschrank. Von der Butter vor Keimen geschützt bilden sich im Fleisch Enzyme, die das Aroma intensivieren. Grill-Extremisten in den USA experimentieren sogar mit Reifezeiten von bis zu zwei Monaten – wovon wir abraten, schließlich soll die Butter genießbar bleiben. Wir haben mit ihr noch was vor …

Denn nach den zehn Reifetagen beginnt der Goldrausch erst. Wie bereitet man den edlen Klumpen am besten zu? Simple Antwort: ganz nach persönlichem Geschmack. Einige schwören darauf, das Fleisch im Vakuumbeutel sous-vide zu garen. Doch Tests in der BEEF!-Küche zeigen, dass die Kombination von Grillrost und Pfanne zum höchsten der Buttergefühle führt: Ein gutes Stück Fleisch abschneiden, scharf angrillen und zuletzt in der Pfanne mit der Aging Butter rösten. Hier noch ein Tipp: Butter, die Sie nicht verbraten haben, klären, sauber abfüllen (siehe Seite 38) und für spätere Brandtaten nutzen.

Butter Aging lädt ein zum Ausprobieren – auch in der Light-Variante. Denn immer mehr Online-Anbieter führen jetzt das gebutterte Meisterwerk im Goldrahmen (z. B. gourmetfleisch.de). Also rollt das Fass rein!

Butter Aged Steaks Die Anleitung:

ZUTATEN für etwa 10 Portionen

Fleisch und Buttermantel

1,5 kg Butter
30 g Meersalz
2,5 kg ausgelöstes Entrecôte am Stück (Hohe Rippe; z. B. vom irischen Weiderind, kurz vorgereift. Kein Dry-Aged-Fleisch verwenden!)

Außerdem

etwas Öl für den Grillrost
1 Knoblauchkolle, 3 Zweige Rosmarin,
3 Stiele Thymian, 1–2 Salbeiblätter,
1 Lorbeerblatt, Meersalz
Pfeffer aus der Mühle

1

2

1 – Für die Reifehülle Butter etwa 30 Minuten vor der Verarbeitung aus dem Kühlschrank nehmen, damit sie geschmeidig wird und sich besser aufschlagen lässt. Mit Schneebesen des Handrührgeräts oder der Küchenmaschine hell-cremig aufschlagen. Salz kurz unterrühren.

3 – Kuchengitter ebenfalls mit kochendem Wasser abspülen. Das Fleisch auflegen. Etwa 2/3 Butter in einer gleichmäßigen, gut 2 cm dicken Schicht mit breiter Palette auf Oberfläche und Seiten verstreichen. Dabei sehr sorgfältig arbeiten, damit keine Löcher oder Spalten in der Masse entstehen. Das Stück etwa 30 Minuten in den Kühlschrank stellen, sodass die Butterschicht aushärtet.

2 – Beim Vorbereiten des Fleisches am besten Einmalhandschuhe tragen. Benötigte Utensilien mit kochend heißem Wasser waschen, mit sauberem Geschirrtuch trocknen. So werden Fremdkeime, die die Reifung stören oder zu Schimmelansatz führen könnten, abgetötet. Auch die Arbeitsfläche gründlich säubern. Eventuell noch aufliegende Sehnen sorgfältig flach vom Fleisch abschneiden. Ziel ist es, dass möglichst viel Fleischoberfläche mit der Butterhülle in Kontakt kommt.

4 – Das Fleisch dann sacht anheben, ggf. ein Stück Backpapier auf das Gitter legen und das Fleisch mit der Butterschicht darauf wenden. Mit übriger Butter möglichst sauber lückenlos ummanteln.

3

4

5

6

5 – Das vorbereitete Fleischstück nun auf dem Gitter offen in einen auf 1–2 Grad gekühlten Reife- oder auch Kühlschrank stellen. Bei konstanter Temperatur etwa 10 Tage reifen lassen. Achtung: Die Butterhülle nimmt leicht Umgebungsaromen an. Deshalb Reife- bzw. Kühlschrank zuvor gründlich reinigen und während der Reifung keine riechenden Zutaten darin lagern. Und den Schrank möglichst wenig öffnen, damit die Temperatur stets konstant bleibt.

7 – Entstandene Steaks aus den Butterhüllen lösen. Butter zugedeckt wieder kühl stellen (weitere Verarbeitung siehe Seite 38). Fleisch vor dem Grillen etwa 30 Minuten auf Zimmertemperatur temperieren.

6 – Nach 10 Tagen Reifezeit wird unser Experimentierstück zubereitet. Fleisch aus der Kühlung nehmen und mit großem scharfen Messer sofort in etwa 4 cm dicke Scheiben schneiden.

8 – Grill auf hohe Temperatur vorheizen. Grillrost mit Öl bestreichen. Steaks direkt je Seite 5–6 Minuten grillen. An warmem Ort zugedeckt 3–5 Minuten ruhen lassen. Währenddessen Knoblauch putzen, waagerecht halbieren. Große grillgeeignete Pfanne erhitzen. Etwas von der Butter darin aufschäumen lassen. Knoblauch, Kräuter und Lorbeer zugeben. Steaks portionsweise einlegen, rasch mit Butter beschöpfen, wenden. Dann sofort aus der Pfanne nehmen, würzen und anrichten.

7

8

Butterzartes Steak

Außen superkross, innen extrem saftig: Steak vom Black-Angus-Rind, zehn Tage in Butter gereift

>>> Rezept Seite 34

Tipp:

Der Butter-Kick

So verwenden Sie die Reifebutter am besten weiter: Nach 10 Tagen ist sie durch Luftkontakt oxidiert und hat ein leichtes, fleischig-ranziges Aroma. Durch den Kontakt mit Fleisch und Blut ist sie geschmacklich und auch gesundheitlich als Aufstrich nicht zu empfehlen. Aber als „Nuss"-Butter, erhitzt und geklärt, verwenden Profis das Fett sehr gern zum Aromatisieren. Dazu die Butter in einem breiten Topf bei mittlerer Hitze schmelzen. Weiter erhitzen und sacht köcheln lassen, bis sich die Molke (Buttereiweiß) absetzt, die Butter leicht bräunt und nussig duftet. Das dauert ca. 10 Minuten. Nicht zu stark erhitzen, da sie sonst verbrennt und unangenehm schmeckt! Flüssiges Fett inklusive entstandener Feststoffe durch ein feines Sieb oder Teefilter in saubere Gläser mit Drehverschluss abfüllen, offen auskühlen lassen. Gekühlt lagern.

FIFTY GOLDEN GRILLS

Es ist die ewige Frage: Welches sind die Top-Grills ihrer Gattung, von Kohle über Gas bis Smoken? Wir haben Dutzende unter die Lupe genommen, schonungslos und liebevoll. Hier nun das Ergebnis: die BEEF!-Goldklasse der besten 50 – jeder Grill ein Sieger

Fotos: **KRÖGER & GROSS** *Texte:* **KLAUS MERGEL**
Styling: **BERND STEINGASS**

Keine Frage: Ein Barbecue ist immer nur so gut wie der Mann, der davorsteht. Und natürlich muss auch die Fleischqualität stimmen. Aber: Was dem Handwerker das Werkzeug und dem Musiker sein Instrument, ist dem Griller sein Rost. Material, Verarbeitung und Technik der Hardware müssen passen – am besten zu ihm. Wenn an der Glut der Schrei „Ich kann so nicht arbeiten!“ erklingt, kann das durchaus legitim sein: Auf Schrottgrills kriegt man nun mal keine guten Steaks hin, Pulled Pork oder Brisket schon gar nicht. Und, bitte schön: Über Einweggrills sprechen wir grundsätzlich nicht.

Klar ist: Gattung und Ausführung sind vielen wichtiger als die Staatszugehörigkeit im Personalausweis. Ein Holzkohlegriller liebt das Feueraroma und frönt seiner pyromanischen Ader. Ein Gasgriller schätzt die Hitze auf Knopfdruck. Der Pellet-Fan zelebriert die technischen Finessen. Und dass Camper kompakte Geräte lieben und Saarländer gerne schwenken, ist auch kein Geheimnis. Was alle eint: der Spaß am Brutzeln. Und zu wissen: Das Steak ist das Ziel. Wir haben mithilfe unserer Experten geprüft, was der Markt derzeit an Grills in zehn Kategorien zu bieten hat. Unterstützt haben uns dabei drei Experten: Tom Heinzle, Buchautor, Grillprofi, Foodstylist und Rezeptentwickler. Klaus Unkelbach, gelernter Koch, Dozent bei Koch- und Grillseminaren und Verkaufsberater von Grillgeräten. Und Michael Hoffmann, als Teamchef von GutGlut e.V. mehrfacher Deutscher Grillmeister der Profis und mehrfacher Barbecue Champion of the World. Betreut hat die BEEF!-Goldklasse unser Autor Klaus Mergel, der nach der Geburt seines Sohnes von Holzkohle auf Gas umstieg „weil's halt sofort funktioniert“.

Sicherlich hat jeder Griller unterschiedliche Ansprüche an Technik und Dimensionen. Und ein Kauf ist meist auch eine Frage des Geldbeutels. Aber am Ende muss einem – genau wie bei einem Auto – das Objekt der Begierde einfach gefallen. Und das bisweilen gegen jede Vernunft.

Viel Spaß mit der BEEF!-Goldklasse!

➲ **Klaus Unkelbach** ist Dozent für Grillseminare, Koch, Verkaufsberater für Grillgeräte – und ein Drittel unseres Experten-Trios
➲ **Tom Heinzle** kennt als Grillprofi und -autor, Foodstylist und Rezeptentwickler alles, was glüht
➲ **Michael Hoffmann** ist zigfacher Deutscher Grillmeister, Barbecue Champion of the Word und Teamchef von GutGlut e.V.

CUT D'OR Goldene BBQ-Momente sind mit den 50 Grills auf den nächsten Seiten sicher!

01. HOLZKOHLEGRILLS

ES SOLL MÄNNER GEBEN, DIE LASSEN NICHTS ANDERES AUF DEN BALKON ODER IN DEN GARTEN. DENN IM HOLZKOHLEGRILL LÄSST SICH ALLES VEREINEN: ARCHAISCHE GLUT, TECHNISCHE FINESSEN UND DIE MÖGLICHKEIT, NACH HERZENSLUST ZU RÖSTEN, VON HOCHTEMPERATUR BIS LOW & SLOW. HIER KOMMEN ACHT GRILLS FÜR ALLE FÄLLE

24-KARAT-KOHLE Die Auszeichnung für die besten Holzkohlegrills gehört dem Achter mit Feuermann auf den nächsten Seiten. Burn on!

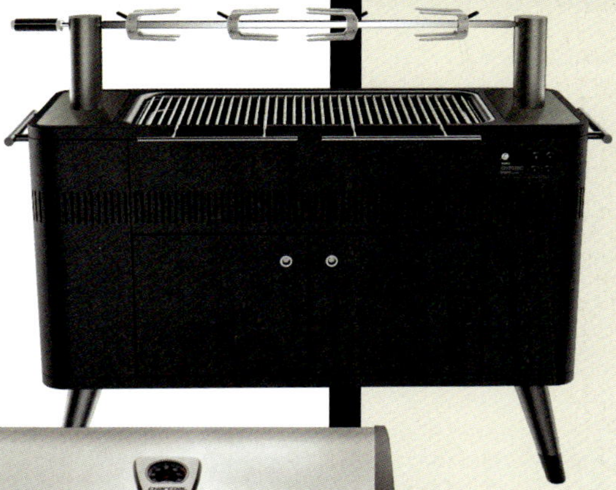

EVERDURE HUB II

Optik: Nicht umsonst wurde der Everdure mehrfach mit Designpreisen ausgezeichnet – er besticht durch einen modernen Look und klassische Sixties-Stilelemente. Auch der Mix aus Innovation (wie die elektrische Heizspirale zur Entzündung der Holzkohle) und Charme (die typisch archaischen Eigenschaften eines Holzkohlegrills) überzeugen.
Verarbeitung: Tipptopp! Matt lackiertes Stahlblech, Edelstahlteile und Chromrost – da kann man nicht meckern
Handhabung: Angenehm: Das Belüftungssystem und die elektrische Heizspirale funktionieren sauber und effektiv. Die Hitzespeicherung erweist sich ohne Deckel jedoch als schwierig. Dafür sind die Grillspießhalterungen bequem elektrisch verstellbar und versenkbar – dennoch ist der Everdure eher ein Standgerät, das seinen Platz gerne behalten möchte.
Preis-Leistung: Für das Design und die innovative Anfeuerung sind die 1995 Euro angebracht. Aber leider verfügt der Everdure weder über Thermometer noch Deckel – sein Grillspektrum ist dadurch eingeschränkt. Dafür hat er einen integrierten Wärmeschrank zur Grillgutaufbewahrung und Geschirrerwärmung.
➲ *Fazit: Sehr ästhetisches Designstück mit einigen besonderen Technik-Features, wie etwa die Elektroheizspirale zur Entzündung der Kohle. Relativ breites Leistungsspektrum, was die Temperaturentwicklung anbelangt. In grilltechnischer Hinsicht ist er weniger etwas für ambitionierte Sportler, als für stilbewusste Freunde gepflegter Steaks und Braten. Infos und Händleradressen über everdurebyheston.de*

NAPOLEON PROFESSIONAL HOLZKOHLEGRILL PRO 605 CSS EDELSTAHL

Optik: Was für ein Gigant. Auf den ersten Blick könnte man die elegante Konstruktion in Edelstahloptik leicht mit einem Profi-Gasgrill verwechseln – der Pro605 ist aber ein reinrassiger Holzkohlegrill!
Verarbeitung: Absolut hochwertig. Fast alle Teile sind aus Edelstahl, es gibt keine scharfen Kanten, und der Deckel schwebt beinahe auf und zu. Der doppelwandige Deckel wurde an den Seiten zur besseren Wärmespeicherung zusätzlich mit Aludruckgussteilen versehen, die Grillroste sind aus solidem Guss – amtlich.
Handhabung: Na gut, die Montage ist nicht ohne, die Anleitung jedoch leicht verständlich. So ganz einfach zu transportieren ist er auch nicht. Und der Napoleon braucht Platz – wie's große Persönlichkeiten an sich haben. Es empfiehlt sich, ihn mit Grillkohle zu befeuern: Die Kohlewanne hat Trennwände, sodass man ihn für direktes oder indirektes Grillen einrichten kann. Über eine praktische Ladeklappe an der Front kann die Kohle leicht nachgelegt werden. Bei geschlossenem Deckel kann man die Temperatur zusätzlich über die Lüftungsschieber regeln. Die Reinigung ist ein Kinderspiel.
Preis-Leistung: Mit 1599 Euro bewegt der Napoleon sich auf dem Niveau eines Oberklasse-Gasgrills. Qualität und Material aber rechtfertigen den Preis: ein professionelles Sportgerät mit unverwüstlichem Charakter.
➲ *Fazit: Ein Wahnsinn aus Edelstahl, der durch seine großzügigen Flächen sogar für den gastronomischen Einsatz taugt. Er kann direktes Grillen genauso wie indirektes Grillen – und das bei jeder Temperatur. Alles gut kontrollierbar mit dem Accu-Probe-Thermometer im Deckel. Perfekt für Vereine und große Gesellschaften – ein Holzkohlegrill fürs Leben. Über napoleon.com*

RICON GRILLWAGEN EDELSTAHL

Optik: Retrolook mit dem schlichten Charme der 70er-Jahre. Bei näherer Betrachtung allerdings erkennt man die Edelstahlqualität, kombiniert mit Massivholz. Der Grillrost ist höhenverstellbarer, die elegante Seitenablage aus Lärche.
Verarbeitung: Hochwertige Handarbeit – dieser Grill kommt ohne Zweifel aus einer deutschen Manufaktur: solide, einfach zu montieren, stabiler Stand, rostfreier Edelstahl, keine scharfen Ecken oder Kanten.
Handhabung: Nicht umsonst nennt er sich Grillwagen – er rollt leicht dahin. Die zwei Grillroste lassen sich in vier Stufen in der Höhe verstellen. Und im Aschekasten liegt ein Glutrost, auf dem die Kohle platziert wird, so kommt von unten genug Luft an die Glut. Nachteil: Der Ricon ist etwas schwerer anzufeuern und sollte im vorderen Bereich mit weniger Kohle befüllt werden, um hinten gut arbeiten zu können, ohne dass es den Unterarmen zu heiß wird. Die Asche kann leicht entsorgt werden, die Reinigung der Metalloberflächen ist einfach. Lediglich die Holzgriffe und Ablagen nehmen gerne Verschmutzungen an und müssen gepflegt werden.
Preis-Leistung: Ab rund 1035 Euro liegt der Ricon im Mittelbereich. Dafür jedoch bekommt man eine sehr gute Verarbeitung: Der Ricon versorgt garantiert mehrere Generationen mit Grillgut. Schade: Er hat keine Belüftung, keine Haube, keine Extras, ist aber in vielen Größen erhältlich.
➲ *Fazit: Made in Germany – und für die Ewigkeit. Nicht wirklich innovativ, doch was er kann, kann er gut: optimale Hitzesteuerung durch höhenverstellbare Roste, geeignet vor allem für direktes Grillen. Hier erzielt der Ricon im mittleren und hohen Temperaturbereich die besten Ergebnisse. Traditionalisten und Wertarbeitsfreunde lieben ihn. Ausschließlich über ricon-manufaktur.de*

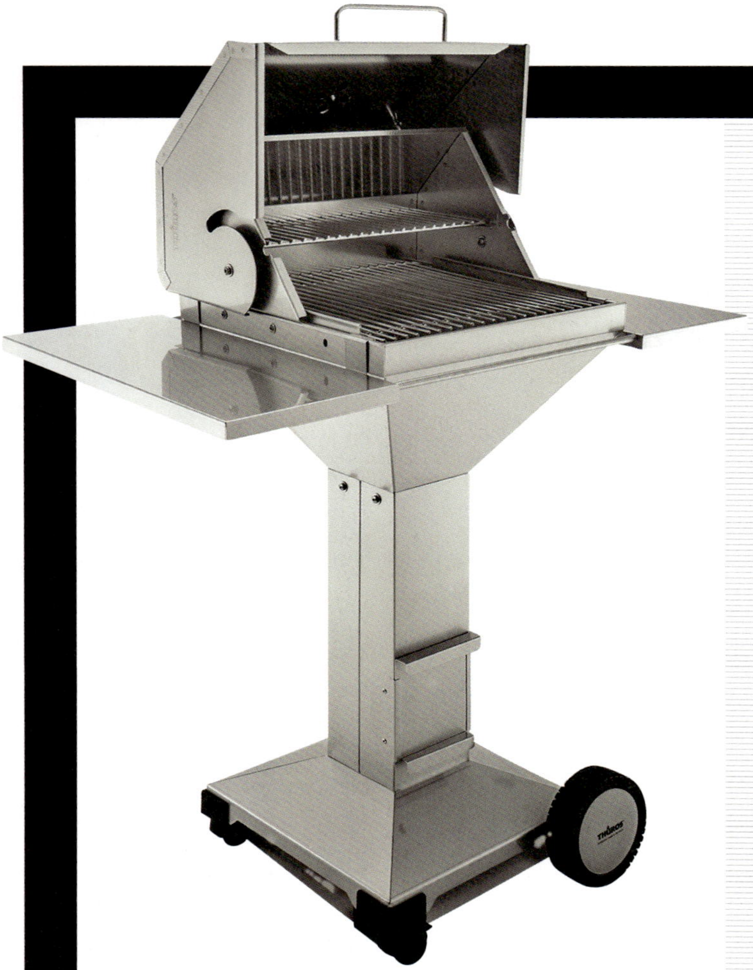

THÜROS T3 BBQ GRILLSTATION

Optik: Er nennt sich Grillstation – und sieht auch so aus: Auf einer schlanken Säule befindet sich der eigentliche Grill mit Haube.Eine elegante Konstruktion mit praktischen Details wie Deckelthermometer und vier Kunststoffrädern.
Verarbeitung: Dieser Edelstahlgrill ist zweifellos deutsche Wertarbeit: solider Edelstahl, alle Kanten sind sauber gefalzt, die Ecken abgerundet.
Handhabung: Die Grillstation ist gut zu Fuß – zwei Rollen lassen sich arretieren, damit der heiße Grill nicht wegrollt. Er wird mit Kohlebriketts (für längere Hitzeführung) und Grillkohle (für Kurzbratstücke) befeuert. Der Grillrost lässt sich nicht in der Höhe verstellen – aber das braucht man auch nicht, da die Temperatur bei geschlossenem Deckel über die Lüftung reguliert wird. Durch den Kaminzug ist der Grill in wenigen Minuten angezündet und erreicht bei Bedarf sehr hohe Temperaturen. Im Sockel ist eine herausnehmbare Schale, um die kalte Asche zu entsorgen.
Preis-Leistung: Mit rund 570 Euro absolut stimmig. Ein Edelstahlgrill, an dem man viele Jahre Spaß hat – und der mit Features erweitert und umgebaut werden kann.

➲ *Fazit: Die Grillstation kombiniert die Eigenschaften eines klassischen Holzkohlegrills mit Kaminzug und Deckel für unterschiedliche Grillmethoden. Der Edelstahl garantiert lange Haltbarkeit, aber speichert die Hitze leider nicht über längere Zeit – Kohle kann jedoch problemlos im Betrieb nachgelegt werden. Indirektes Grillen ist möglich, allerdings ist dafür die Fläche nicht allzu groß. Gut für Ungeduldige und Hungrige: Dieser Grill bringt schnell überzeugende Ergebnisse auf den Tisch.*
Über grillfuerst.de; mehr Infos unter thueros.de

WEBER PERFORMER DELUXE GBS

Optik: Der Klassiker – mit fahrbarem und stabilem Tisch für ausreichend Platz am Grill. Sehr praktisch: der Deckelhalter an der Seite und der isolierte Griff, der eine gute Haptik vermitteln.
Verarbeitung: Zehn Jahre Garantie auf die relevanten Bauteile gibt Weber hier – das sagt schon eine Menge. Und mehr will man auch gar nicht. Im Deckel befindet sich das bewährte Qualitätsthermometer.
Handhabung: Wooosh! – der Grill ist praktisch in den stabilen Wagen eingebettet und lässt sich dank der großen gummierten Räder angenehm und leise über die Terrasse fahren. Zwischen 80 und 400 Grad ist alles möglich: Das patentierte Belüftungssystem mit Zufuhr von unten und Entlüftung im Deckel regelt das fast von selbst. Komfortabel ist auch der große Aschebehälter, der sich gut abnehmen lässt und auch nicht jedes Mal ausgeleert werden muss. Dank der Kohlekörbe kann man relativ bequem eine indirekte Grillzone einrichten – also alles in allem ein echter Performer.
Preis-Leistung: Rund 681 Euro für die Deluxe-Variante und ca. 471 Euro für den Performer sind eine Ansage – dafür bekommt man Weber-Qualität und das bewährte GBS-System.

➲ *Fazit: Der Performer macht seinem Namen alle Ehre. Ein äußerst komfortabler Holzkohlegrill für vielseitiges und professionelles Grillen – ob mit GBS-Zubehör oder ohne. Am Weber kann sich der ambitionierte BBQ-Fan austoben und seine Fähigkeiten beim indirekten Grillen steigern. Über weber.com*

WEBER MASTER-TOUCH GBS PREMIUM

Optik: So muss ein Kugelgrill aussehen: schwarz, glänzend, rund und mit Deckel. Elegante, zeitlose Konstruktion – ein echter Klassiker, den jeder kennt.
Verarbeitung: Sehr gut – man merkt die Erfahrung des Kugelgrillerfinders. Hochwertige, dicke Emaillebeschichtung, ein Grillrost aus Edelstahl und ein Deckel, der millimetergenau schließt. Dazu leichtgängige Lüftungsschieber und hitzeisolierte Griffe. Alles fürs Dauergrillen gemacht.
Handhabung: Die großen Räder machen den Weber mobil und zugleich standfest. Gute Lösung: Der Deckel ist mit einem Scharnier befestigt und beim direkten Grillen nicht im Weg. Beim indirekten Grillen lässt sich die Temperatur über die Lüftung bis auf zehn Grad genau regulieren. Mit dem 57-cm-Edelstahlrost bekommt man eine Großfamilie satt.
Preis-Leistung: Rund 398 Euro – da gibt es günstigere Kugelgrills. Aber: Am Weber hat man lange Freude, gut gepflegt hält er zehn Jahre.

➲ *Fazit: Eine Allzweckwaffe. Vom direkten Grillen über 300 Grad über den mittleren Bereich von 250 bis 300 Grad bis zu low & slow ist alles drin. Das Blech speichert die Hitze nicht allzu lange, aber die problemlose Kohlezufuhr und die vielen schönen Details machen das locker wett. Ideal für Einsteiger mit Ambitionen. Über weber.com*

YRON DREIBEIN (MANUFAKTUM)

Optik: Dreibeinig, praktisch, gut. Der Grill gefällt durch seine Schlichtheit und gleichzeitig die gediegene Ausführung.
Verarbeitung: Erstklassiges Gusseisen, die Standbeine aus Eichenholz – das ist schon äußerst wertig.
Handhabung: Solide, kinderleicht zu montieren, stabiler Stand, braucht wenig Platz. Mit Grillkohle brennt der rustikale Minimalist wunderbar, das Nachlegen ist jedoch etwas aufwendig. Die Schale und der Rost aus Gusseisen können die Hitze sehr gut speichern und an das Grillgut abgeben – die Steuerung der Temperatur gestaltet sich allerdings schwierig. Die Standbeine freuen sich über zusätzliche Pflege, etwa mit Holzöl, wenn sie dauerhaft schön bleiben sollen.
Preis-Leistung: 399 Euro sind ein stolzer Preis, wenn man außer der ästhetischen Gestaltung noch großartigen Grillkomfort erwartet. Denn so richtig viel dran ist nicht an dem Dreibein. Seine Pluspunkte: die zeitlose Gussqualität und die schnelle Zerlegbarkeit.

➲ *Fazit: Ein sehr schöner schlichter Grill aus hochwertigen Materialien, an dem Designliebhaber ihre Freude haben. Leider bietet er kaum Belüftungstechnik und keinen Deckel – indirektes Grillen entfällt damit. Wer jedoch mit ihm als Zweitgrill im Stadtpark eine stilvolle Glut entfachen will, wird mit dem Dreibein glücklich. Über manufaktum.de; mehr Infos unter yron.de*

SMOKY FUN INDIANA

Optik: Ein archaischer Topf fürs Lagerfeuer – witziges Konzept!
Verarbeitung: Vier Millimeter Stahlblech, 30 Kilogramm Gewicht – das ist eine Menge Material für einen mittelgroßen Grill. Hier kann wirklich nichts kaputtgehen, wenn überhaupt nur die Feststellschraube des Grillrosts. Laut Herstellerangaben ist der Smokey Fun Indiana hitzebeständig bis 850 Grad. Wir haben's aber noch nicht ausprobiert…
Handhabung: Für den üblichen Holzkohlegebrauch nutzbar oder eben als Lagerfeuer. Schön gelöst ist der stufenlos höhenverstellbare Grillrost – da kann man sich gut auf die Strahlungshitze einstellen. Der Haken oben bietet sich fürs Aufhängen eines Dutch Oven an, etwa für Chili oder Eintopf. Oder für einen Glühweintopf im Winter. Die Luftzufuhr von unten hingegen bleibt etwas ungewiss – bei schlechter Witterung führt sie bestimmt zu Problemen.
Preis-Leistung: Das ist hier eine Frage der Haltung. Nostalgiker bekommen für 449 Euro eine lustige Lagerfeuertonne mit Grillfunktion. Wer mehr erwartet, sollte bedenken, dass mit dem Smoky Fun Indiana eigentlich nur direktes Grillen möglich ist.

➲ *Fazit: Ein originelles Zwischending aus Feuertopf, Holzkohle- und Schwenkgrill. Der Smokey Fun Indiana bietet nicht den Komfort und die technischen Möglichkeiten eines modernen Grills, hat jedoch seine eigenen Reize – und eine sehr solide Verarbeitung. Ideal für die Runde am Lagerfeuer. Über grillfuerst.de; mehr Infos unter smokyfun.net*

GAS-GLÜCK-GEMISCH
Warnung: Beim Anblick unserer acht Top-Gasgrills könnten Sie leicht einen Knall bekommen – vor Freude

CHAR-BROIL ULTIMATE 3200

Optik: Ein glänzender Auftritt durch viel Edelstahl, aber auch eine gewisse Aufdringlichkeit durch die schiere Größe. Schon fast eine Outdoorküche, dieser Grill!
Verarbeitung: Der solide verarbeitete Char-Broil Ultimate 3200 wird vormontiert geliefert. Allein durch sein Gewicht hat er eine hohe Standfestigkeit. Diesen kernigen Kerl wirft so schnell nichts um. Sämtliche Türen und Schubladen machen einen handfesten Eindruck. Einziger Kritikpunkt: Beim Deckel wurde leider kein Aludruckguss verwendet.
Handhabung: Der Umgang mit dem True-Infrared-System ist denkbar einfach. Bei dem eigens von Char-Broil entwickelten Infrarotbrennersystem werden die Roste aus kurzer Distanz aufgeheizt. Die Folge: eine beeindruckend gleichmäßige Temperatur, regulierbar über die Drehregler. Die Folge der Folge: Man kann sehr schonend grillen – und durch die Haube natürlich jederzeit auch indirekt.
Preis-Leistung: Der Preis von rund 1384 Euro ist gerechtfertigt – allein wegen des komfortablen Unterschranks mit zwei Schubladen und viel Stauraum. Der Char-Broil lässt sich zudem jederzeit aufrüsten: Mit weiteren Modulen, die man quasi um den Grill herumbaut, entsteht dann wirklich Teil für Teil eine komplette Outdoorküche.

➲ *Fazit: Ein gutes Stück Wertarbeit für ambitionierte BBQ-Freunde, mit dem mal direkt, mal indirekt gegrillt werden kann. Das überzeugendste Plus des Char-Broil Ultimate 3200 ist seine gleichmäßige Hitzeentwicklung auf den Gussrosten. So lässt sich arbeiten. Aber auch praktische Gimmicks wie Licht im Garraum tragen entscheidend zum Komfort bei. Die Aussicht, durch stückweisen Aus- und Anbau, eines schönen Tages in der eigenen Außenküche werkeln zu können, macht die zeitintensive Pflege ganz schnell vergessen. Über grill-concept.de; mehr Infos unter charbroil.de*

WEBER GASGRILL GENESIS II

Optischer Eindruck: Ein Fahrgestell wie ein Model! Was für eine elegante Erscheinung. Ein moderner Gasgrill im typischen Weber-Look – mit äußerst robustem Deckel.
Verarbeitung: Besser geht's nicht: eine geradezu perfekte Verarbeitung von Edelstahl und emailliertem Stahlblech. Zudem einer der stabilsten Grillwagen auf dem Markt. Hier wackelt und ruckelt rein gar nichts. Die Montage erscheint aufwendig, ist mit der durchdachten Aufbauanleitung aber auch für Menschen ohne technische Begabung machbar.
Handhabung: Allein Mobilität und Reinigung sind schon ein Träumchen: Mit diesem Gefährt kommt man problemlos von A nach B und auch die Wagenwäsche ist im Handumdrehen erledigt. Die weitere Handhabung kann man nur bequem nennen, unter anderem dank des Infinity-Ignition-Zündsystems. Die Hitzeentwicklung ist aufgrund des GS-4-Hochleistungsgrillsystem bestens und die Hitzespeicherung wegen des doppelwandigen Deckels und der Aludruckgussteile sogar exzellent. Völlig egal, ob man direkt oder indirekt, mit Drehspieß oder Plancha grillt – der Genesis hat einfach alles drauf. Ein Allroundtalent!
Preis-Leistung: Rund 1049 Euro sind für einen soliden Drei-Brenner-Grill absolut akzeptabel. Bei guter Pflege hat er schließlich auch ein entsprechend langes Leben (mit bis zu zehn Jahren Garantie). Das Zubehör der GBS-Serie ist vielfältig und stets passgenau. Das umfassende System eröffnet zudem viele Möglichkeiten: Beispielweise wäre auch der Antrieb eines Drehspießes mit Motor jederzeit machbar.

➲ *Fazit: Unter den Großen einer der Größten. Mit zuverlässiger elektrischer Zündung, spielend leichter Handhabung und ansprechendem Design stets ein sicherer Anwärter auf den Sieg in der Champions League. Über weber.com*

02. GASGRILLS

WAS FÜR EIN VERLÄSSLICHER MITARBEITER! ER IST STETS OHNE GROSSEN VORLAUF EINSATZBEREIT, LIEFERT AUF DEN PUNKT, STRAHLT AUCH NOCH NACH FEIERABEND – UND ER ZICKT NICHT, WENN SEIN BOSS SICH IN SEINEM GLANZ SONNT. LEIDER NICHT GANZ BILLIG, DER KOLLEGE, ABER SEIN GELD IST EIN GASGRILL AUF JEDEN FALL WERT!

FLAMMKRAFT BLOCK D

Optik: Puristisch und schnörkellos: Edles Äußeres trifft auf höchste Leistungsfähigkeit. Als wären Bauhaus-Designer am Werk gewesen.
Verarbeitung: Keine Klagen: bestes Material, bestens verarbeitet. Der Flammkraft Block D besteht komplett aus Edelstahl und ist in sieben verschiedenen Farben erhältlich.
Handhabung: Mit drei Hochleistungsbrennern – zwei seitlich anliegend, einer klassisch angeordnet – ist dieser Grill im ersten Moment durchaus gewöhnungsbedürftig. Die insgesamt 15,5 Kilowatt sind mit drei Drehreglern jedoch jederzeit sehr präzise steuerbar. Die fast unbegrenzte Leistungsfähigkeit der Infrarotbrenner überträgt sich direkt auf die gusseisernen Grillroste. Im großen Garraum kann man mit viel Gefühl sogar eine indirekte Zone einrichten. Leider ist der Flammkraft Block D ein wenig umständlich zu montieren – und er braucht viel Platz. Aber dafür gibt es jede Menge Zubehör, vom Pizzastein bis zum motorgetriebenen Drehspieß!
Preis-Leistung: Für 5800 Euro bekommen Käufer ein außergewöhnliches Stück Design der Extraklasse, einen wahren Hingucker, mit selbst für Grillprofis vielfältigen Einsatzmöglichkeiten.

➲ *Fazit: Willkommen im Highend-Bereich der Gasgrill-Welt! Dieses vorbildlich verarbeitete, wunderschön anzuschauende Kraftpaket setzt unübersehbare Akzente in jedem Außenbereich. Und auch wenn der Preis übertrieben erscheint: Wer einmal mit diesen Infrarotbrennern gegrillt hat, will danach nie wieder auch nur kleinste Kompromisse machen. Über grill-kontor.com; mehr Infos unter flammkraft.de*

NAPOLEON ROGUE SE 425 SCHWARZ

Optik: Das mattschwarze Metall wirkt edel oder besser: kaiserlich. Ein Napoleon eben.
Verarbeitung: Genau die richtige Mischung aus Edelstahl, beschichtetem Stahl und hochwertigen Kunststoffteilen. Die Brennerabdeckungen sind aus Edelstahl, genau wie die Grillroste, welche in Wellenform mit sieben Millimetern Materialstärke daherkommen. Aus gutem Grund gibt der Hersteller auf alle relevanten Teile bis zu 15 Jahre Garantie.
Handhabung: Der Grill hat vier feststellbare Rollen und ist kinderleicht zu bewegen. Drei Edelstahlbrenner bieten eine Gesamtleistung von 14,25 Kilowatt. Jeder Brenner hat dabei seine eigene mechanische Piezo-Zündung. Zusätzlich gibt es einen Heckbrenner. Das absolute Highlight: die Sizzle-Zone in der Ablage. Da die Temperaturen hier auf bis zu 800 Grad klettern, erhält Grillgut innerhalb von Sekunden eine karamellisierte Kruste. Überragend!
Preis-Leistung: Völlig okay. Für 1249 Euro bekommt man einen voll ausgestatteten Gasgrill, der sich dank Keramikbrenner und Heckbrenner für alle Zubereitungsvarianten eignet.

➲ *Fazit: Ein wendiger Vertreter der Premiumklasse mit wenig Gewicht, aber viel Technik. Bewährt bei sämtlichen Grillmethoden, beim Zubereiten von Steaks dank der Sizzle-Zone sogar umwerfend. Über amgrill.de; mehr Infos unter napoleon.com*

BROIL KING BARON 490

Optik: Wäre dieser Grill ein Tier, dann ein großer, massiger Bär aus Kanada. Aber ein lieber, kuscheliger, einer zum Umarmen. Und einer, der Kunststücke beherrscht.
Verarbeitung: Edelstahl trifft auf schwarz emailliertes Stahlblech trifft auf strapazierfähigen Kunststoff. Auf alle relevanten Teile werden bis zu zehn Jahre Garantie gewährt.
Handhabung: Handzahm, unser Bärchen. Allein schon durch die Sure-Lite-Zündung – Flamme statt Funken – fällt der Gebrauch maximal einfach aus. Sämtliche Bauteile haben eine sehr angenehme Haptik. Eine großartige Sizzle-Zone wurde an der Seite eingerichtet. Nicht weniger großartig ist der leistungsstarke Tube-Heckbrenner. Insgesamt vier Brenner schaffen eine einwandfreie Hitzeverteilung.
Preis-Leistung: Spitzenqualität hat ihren Spitzenpreis. Diese kostet 1199 Euro.

➲ *Fazit: Der Burner! Mit einem vielseitigen Gerät wie diesem fängt das Leben als Grillprofi überhaupt erst an. Die Hitzespeicherung unter der doppelwandigen, massiven Abdeckung funktioniert hervorragend, was auch an der innovativen Aludruckgusswanne liegt. Bestens sind zudem die Ergebnisse in Sachen Hitzeentwicklung in Verbindung mit den beeindruckend dicken Gussrosten. Besonderer Bonus: Der Drehspieß mit Motor ist im Lieferumfang enthalten. Über santosgrills.de; mehr Infos unter broilkingbbq.com*

LANDMANN GASGRILL TRITON PTS 3.0

Optik: Ja nun, sagen wir es so: Nicht jeder Grill muss sich durch ein revolutionäres Design auszeichnen, oder? Manchmal reicht „schick und kompakt" doch auch. Dafür bietet der Landmann Triton eine breite Farbpalette: Silber, Schwarz und sogar Bordeauxrot, was äußerst selten vorkommt.
Verarbeitung: Geht in Ordnung. Der Deckel und die Türen sind doppelwandig, fast alle Teile sind aus legiertem Stahl. In den Varianten Schwarz und Rot sind Deckel und Türen farbig beschichtet. Die Grillroste sind aus emailliertem Gusseisen. Edelstahl wurde hier nur an der Front und für die Abdeckung verwendet. Der Rest des Grills ist mit lackiertem Stahl verkleidet.
Handhabung: Die Montage ist idiotensicher. Mit vier feststellbaren Rollen ist der Landmann Triton weiterhin leicht zu bewegen. Eine Gasflasche von bis zu elf Kilo lässt sich im Unterschrank verstecken. Die drei Brenner haben eine Gesamtleistung von 10,5 Kilowatt. Jeder Brenner hat eine eigene mechanische Piezo-Zündung und lässt sich schnell entflammen. Die gewünschte Temperatur ist im Handumdrehen eingestellt und kann am Deckelthermometer abgelesen werden. Der Grill ist nach Gebrauch ohne großen Aufwand zu reinigen. Eine Fettauffangschale ist vorhanden. Die Seitenablagen können platzsparend heruntergeklappt werden.
Preis-Leistung: Mit einem Preis von 418 Euro ist dieser Gasgrill schon fast ein Schnäppchen in der Drei-Brenner-Klasse. Leichte Formschwächen zeigen sich dann allerdings bei der Hitzeentwicklung und Konvektionshitzespeicherung. Aber alles in allem leistet der Landmann beim direkten und indirekten Grillen hervorragende Dienste.

➲ *Fazit: Ein kompaktes Gerät zum günstigen Preis. Viel Grill für wenig Geld. Da man über Temperaturen von mehr als 270 Grad aber nur selten hinauskommt, eher eine Empfehlung für begeisterte Gelegenheitsgriller. Über holzwelt-graef.de; mehr Infos unter landmann.de*

OTTO WILDE G32 SMART

Optik: Aber hallo! Ein sehr exklusiver Gasgrill mit sehr exklusivem Namen in sehr exklusiver Optik, die stark an moderne Einbauküchen erinnert. Rundum Edelstahl, dazu auch noch Guss-Brennermodule – da leuchten die Augen nicht nur, sie glühen!
Verarbeitung: Kein Gerät für Schwächlinge: 100 Kilo Edelgrill wollen erst mal bewegt werden. Doch dafür kann man dann auch fast schon Turnübungen am und auf dem großen Otto machen, so sicher steht er. Die Verarbeitung des Materials ist bis ins kleinste Detail großartig.
Handhabung: Digital Grilling: Nicht genug damit, dass sich jeder BBQ-König mit vier Brennern von je 4,1 Kilowatt und einem Heckbrenner mit 3,5 Kilowatt ausgiebig austoben kann, mithilfe einer App kann er das Grillen auch noch besonders smart gestalten. Temperaturen lassen sich dann auf dem Handy ablesen, die Brenner einzeln einstellen. Und sogar der Gasfüllstand kann jederzeit digital überprüft werden. Ganz analog ist allerdings das praktische, bedienerfreundliche Fettauffangsystem. Noch.
Preis-Leistung: Es ist wie auf dem Wochenmarkt: Du wolltest nur Bananen kaufen, kommst aber zusätzlich mit Äpfeln, Birnen und einer Ananas zurück. In diesem Fall sind die Ergänzungsmodule zum Otto Wilde G32 Smart mehr als verlockend: Mit Kühlschrank, Spülbecken, Arbeitsplatz oder Stauraum kann man ihn zur ausladenden Außenküche ausbauen. 2209 Euro scheinen ein fairer Preis für einen hochwertigen Grundstock zu sein.
➲ *Fazit: Ein innovativer, smarter Grill mit überzeugendem Design. Oder doch ein gelungener erster Schritt in Richtung eigene Outdoorküche? Ab Juni über ottowildegrillers.com*

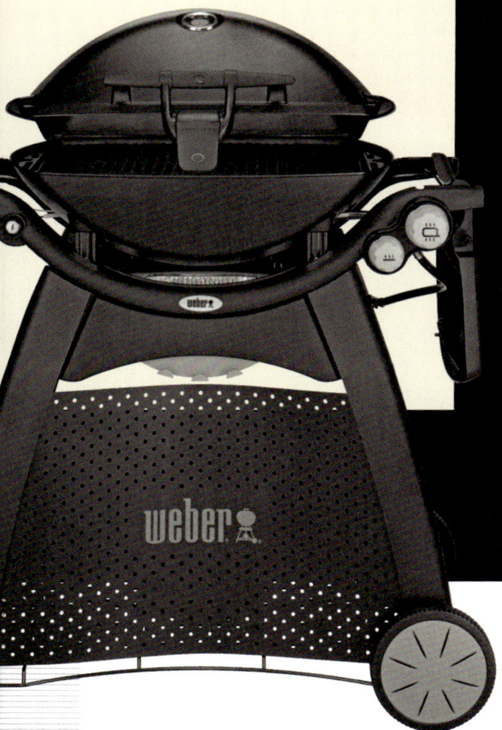

WEBER Q 3200

Optik: Das Morgen beginnt heute. Das futuristische Design könnte einen vermuten lassen, diesen Grill hätte die NASA entworfen. Oder Außerirdische. Er ist aber ein echter Weber – was man schon an den zahllosen praktischen Kleinigkeiten erkennt, etwa dem Thermometer und der Lampe im Deckel oder an den Haken zum Aufhängen des Grillbestecks.
Verarbeitung: Nichts klappert, nichts wackelt. Der Weber Q3200 steht stabil und braucht wenig Platz. Für den Unterbau und die Seitenablagen wurde glasfaserverstärktes Nylon verwendet, der eigentliche Grill hat ein Aluminiumgussgehäuse mit entsprechendem Deckel. Die Grillroste sind porzellanemaillierte Gussroste. Gute Sache(n)!
Handhabung: Easy, easy! Der leichte Grill ist mit den zwei großen Rädern problemlos zu bewegen. Eine Fünf-Kilo-Gasflasche wird mit einem Spanngurt sicher fixiert. Zwei Edelstahlbrenner mit Piezo-Zündung bringen es auf eine Gesamtleistung von 6,3 Kilowatt – und den Grill bei geschlossenem Deckel schnell auf Temperatur. Höhere Gradzahlen von bis zu 300 sind möglich. Am besten gelingt direkt Gegrilltes im mittleren Bereich. Eine indirekte Zone lässt sich leider nur umständlich und mit passendem Zubehör einrichten. Der Warmhalterost kann allerdings als zusätzliche Fläche zum indirekten Grillen genutzt werden. Für die Reinigung nach vollendetem Werk braucht es nicht lang: Am Alugussgehäuse bleibt wenig haften, die emaillierten Roste sind beschichtet.
Preis-Leistung: Einerseits ein kompakter Gasgrill, praktisch, durchdacht, stabil, von einem Qualitätshersteller, zudem einfach in der Handhabung und mit langer Lebensdauer. Weiterer Pluspunkt: Vielseitiges Zubehör lässt sich im Grillfachhandel jederzeit nachkaufen. Andererseits: rund 629 Euro. Welche Seite überwiegt da? Keine Frage: Grillen gewinnt immer!
➲ *Fazit: Ein im Bedarfsfall auch mal mobiler Gasgrill im auffälligen Sci-Fi-Look, der sich bestens für kleinere Runden eignet. Er ist schnell einsatzbereit und liefert dank der emaillierten Gussroste und dem Aludruckgussgehäuse garantiert ordentliche Ergebnisse. Der Weber Q3200 sei vor allem Einsteigern ans Herz gelegt, die ihren Gasgrill auch mal mit in den Urlaub nehmen wollen. Über weber.com*

BROIL KING REGAL PELLET 500

Optik: Das schwarze Fass aus Kanada – ein Herzensbrecher.
Verarbeitung: Zwei Millimeter Stahl sind nicht das dickste der Gefühle, doch der schwere doppelwandige Deckel und das Dichtungsband sind stark. Ebenso Scharniere, große Rollen, stabile Stempel und emaillierte Gussroste.
Handhabung: Broil King rules – dank seiner einfachen und zuverlässigen Steuerung, die auch per WLAN funktioniert. Er gebietet über eine exakte Temperaturführung, deren große Leistungsbandbreite zwischen 82 Grad und 316 Grad viele Möglichkeiten eröffnet. Mit zwei Kerntemperaturfühlern hat man alles im Griff, und man kann ganz nach Wunsch mit oder ohne App über die Solltemperatur herrschen. Per Knopfdruck lassen sich Smoke, Sear, Grill und Roast aktivieren, gesteuert durch die Fördermenge und die Geschwindigkeit der Schnecke.
Preis-Leistung: Bei all diesen Möglichkeiten sind 1999 Euro absolut okay. Tipp für Sparfüchse: Der kleine Bruder des Broil King schaut ebenso gut aus, hat ähnliche Talente und tut's schon für 1799 Euro. Es bleibt ja in der Familie…

➲ *Fazit: Eine rustikale Schönheit, die vieles kann – und wenn ein Doppelstecker zur Hand ist, sogar noch einen motorisierten Drehspieß im Waffenarsenal hat. Ein guter Grill für Longjobs wie Pulled Pork, Ribs, Brisket – ideal für Enthusiasten mit Ambitionen und einem Sinn für moderne Technik. Über grill-kontor.com; mehr Infos unter broilkingbbq.com*

03. PELLET-GRILLS

SIE SIND ECHTE MULTITALENTE UND VEREINEN IN SICH GANZ UNTERSCHIEDLICHE WELTEN. PELLET-GRILLS SIND EINE SAUBERE SACHE UND RÖSTEN AUF KNOPFDRUCK – WIE MIT GAS. SIE BEHERRSCHEN ABER AUCH LOW & SLOW – ALS WÄREN SIE EIN SMOKER. DIESE FANTASTISCHEN VIER KÖNNEN SOGAR NOCH MEHR VORWEISEN – EIGENEN CHARAKTER

SMOKEY BANDIT THE LUMBERJACK

Optik: Einfach cool. Und passt zum Namen.
Verarbeitung: Sehr stabil, der Smokey Bandit, und trotz seines Namens vertrauenswürdig. Mit 78 Kilo lackiertem Stahlblech steht er seinen Mann, die Grillwanne ist doppelwandig – womit er an genau der richtigen Stelle Stärke beweist. Und die großen Rollen sind genauso verlässlich wie die Deckeldichtung.
Handhabung: Mit dem Drehregler kann man eine gradgenaue Steuerung anpeilen, was sich mit Sicherheit positiv auf die Grillausbeute auswirkt. Allerdings sollte man sich im Vorfeld schon mit den erforderlichen Temperaturen und Garzeiten auseinandersetzen, um keine Überraschungen zu erleben – mit dem Kerntemperaturfühler lässt sich der Stand der Dinge jedoch sehr gut beobachten. Direktes Grillen – abgesehen von Würstchen – ist eher schwierig: Da sind 235 Grad Celsius einfach zu wenig.
Preis-Leistung: Mit 899 Euro ist der Smokey Bandit äußerst günstig. Er macht, was er soll, und ist mit der Solltemperatureinstellung sehr gut zu bedienen. Allerdings lässt sich diese nicht per App übers Handy steuern – aber das kann man ihm nur schwer übel nehmen…

➲ *Fazit: Der Smokey Bandit The Lumberjack macht einen rundum guten und stabilen Eindruck, verstärkt durch das gute Preis-Leistungs-Verhältnis und die große Leistungsbandbreite. Allerdings ist er bei gut 235 Grad Celsius Maximaltemperatur beim scharfen Angrillen nur mittelmäßig treffsicher. Für Einsteiger in die Pellet-Technik aber trotzdem ein sehr attraktiver Partner in Crime. Über grillfuerst.de, mehr Infos unter smokeybanditbbq.nl*

WEBER SMOKEFIRE EX6 GBS

Optik: Kompakt. Robust. Schwarz glänzende Emaille. Große Klappe, viel dahinter. Was will man mehr?
Verarbeitung: Spitze! Wie auch die gute Materialauswahl: angefangen beim Wagen mit seinen großen Rollen über dem gut gedämmten Garraum bis hin zu den Scharnierstellen, die bei anderen Grills oft Schwachstellen sind. Typisch Weber eben.
Handhabung: Sehr gut – dank der klar durchdachten Steuerung und der vorgegebenen Temperaturprogramme auch für Einsteiger. Die Solltemperatur ist mit App im WLAN und auch ohne komfortabel regulierbar. Und auf den zwei Ebenen im großen Garraum lässt sich ordentlich Grillgut verstauen und lecker zurechtsmoken. Durch die hohe Leistungsbandbreite ist der SmokeFire ein echtes Multitalent, vor allem beim scharfen Angrillen und späteren Low & slow-Garen unter Raucheinfluss. Die Reinigung funktioniert durch Verbrennen bequem und sauber.
Preis-Leistung: Rund 1784 Euro – damit ist das Gerät nicht wesentlich teurer als mancher Vier-Flammen-Gasgrill. Absolut in Ordnung für einen Pellet-Grill-Smoker auf Weber-Niveau.

➲ *Fazit: Ein formschöner und durchdachter Pellet-Grill. Komfortabel mit der eigens entwickelten Weber Connect-App zu steuern und danach kinderleicht mit der Reinigungsfunktion zu säubern – das hat was. BBQ-verliebte Genießer, die mit wenig Aufwand ein großes Ergebnis erzielen wollen, werden mit dem SmokeFire ihre Freude haben. Über weber.com*

TRAEGER IRONWOOD 885

Optik: Klassisch, funktional, wunderschön. Mit anderen Worten: eine schwarze Tonne auf vier Beinen.
Verarbeitung: Sehr gut. Der Ironwood flößt sofort Vertrauen ein, denn mit dem Material wurde nicht gegeizt: schwarz lackierter Stahl, die Seitenablage aus Edelstahl. Besonders dicke Freunde wird man mit den doppelwandigen Seitenteilen.
Handhabung: Mit seinen riesigen Rädern ist der stabile Wagen fast geländegängig. Und auch sonst heizt der Ironwood genau dorthin, wo man ihn haben möchte: Die Temperaturführung arbeitet sehr exakt, dank vorgegebener Daten ist er leicht zu steuern (auch über WLAN) und ein Display informiert über Hitzegrad und Zeiten. Die besten Ergebnisse liefert der Pellet-Grill bei Low & slow-Jobs und im mittleren Temperaturbereich sowie beim indirekten Grillen und klassischen Barbecue. Die Grilltemperatur ist von 74 bis 260 Grad einstellbar. Sehr praktisch: Die Pellet-Kammer hat eine Entleerung, um schnell die Pellet-Sorte zu wechseln. Etwas kompliziert: die Entfernung der Asche aus der Brennkammer mit dem Handstaubsauger, ansonsten aber ist der Ironwood eine saubere Sache.
Preis-Leistung: 1899 Euro kostet dieser Pellet-Grill mit einer Menge neuester Technologie, die beherrscht werden will. Nicht alles zwingend und nicht alles braucht man, aber Digital Natives werden ihre Freude daran haben.

➲ *Fazit: Ein Hightech-Gerät vom Erfinder des Pellet-Grills. Der Ironwood lässt sich exakt regeln und bringt eine maximale Leistung von circa 260 Grad Celsius, mit dem Kerntemperaturfühler hat man das Grillgeschehen stets im Griff. Leichte Schwächen beim direkten Grillen über der Brennkammer. Ein hochwertiges Gerät für Freunde des amerikanischen BBQ, die Spaß an Digitaltechnik haben. Über santosgrills.de; mehr Infos unter traegergrills.com*

GLANZSTÜCKE Hier ist alles Gold, was glänzt: Die vier Champions der Pellet-Klasse grillen, smoken und braten aus allen Rohren

04. FEUERSCHALEN

SIE SIND DAS LAGERFEUER DES GROSSSTÄDTERS, OFT MEHR EIN MAGISCHER VERSAMMLUNGSORT ALS EINE GRILLSTÄTTE. DIESE VIER SIND BEIDES ZUGLEICH – UND SIE SENDEN EINE KLARE BOTSCHAFT AN ALLE NACHBARN: „HIER GRILLT DER HERR DER RINGE!" SCHLIESSLICH MACHEN SIE IM GARTEN RICHTIG WAS HER

DIE PERFEKTE HITZEWELLE
Feuerschalen sind schnörkellos, aber wissen trotzdem zu glänzen. Diese vier Schönheiten machen uns besonders heiß

FEUERRING VON ANDREAS REICHLIN

Optik: Das kunstvolle Original vom Schweizer Vater der Feuerschale, ganz zu Recht mit internationalen Designpreisen hochdekoriert, unter anderem mit dem Red Dot Award. Eigentlich eine formvollendete Skulptur, die ganz nebenbei auch einen Gebrauchswert bietet. Wer sich einen Feuerring in den Garten stellt, demonstriert der Welt nicht nur, dass er ein begeisterter Griller ist, sondern zeigt sich als Ästhet und Philosoph am Rost. Na ja, und ein bisschen angeben darf ab und an ja auch mal sein.
Verarbeitung: Mehrere 100 Kilo Stahl wollen erst einmal geformt werden. Doch Designer Andreas Reichlin ist nicht nur begnadeter Künstler, sondern auch versierter Handwerker. Das Metall seines Feuerrings wird erst gedrückt, dann werden Ring und Schale verschweißt. Eine qualitativ hochwertige Arbeit – gemacht für die Ewigkeit.
Handhabung: Die etwas andere Art des Grillierens: Der Feuerring wird ausschließlich mit Holz angeheizt. Man wartet nicht etwa auf die optimale Temperatur, sondern brät und brutzelt ununterbrochen auf der Metallfläche direkt neben dem prasselnden Feuer. Andreas Reichlin schwört auf diese gesunde Zubereitungsart ohne jeden Beigeschmack von Verkohltem. Den Ring anzuheizen dauert: Eine halbe Stunde sollte man einplanen. Das Metall speichert die Hitze dann aber auch für lange Zeit. Nach dem Gebrauch wird das Metall lediglich mit Öl gepflegt. Unkomplizierter geht es kaum. Ein Stahlbesen und ein Spachtel zum Reinigen liegen als Zubehör bei, ebenso passende Metallsitzkuben.
Preis-Leistung: Zwischen 4000 und 8000 Euro, je nach Modell und Größe, sind kein Kauf mehr, sondern eine Investition. Doch die begleitet uns dann auch ein Leben lang – und womöglich auch noch unsere Kinder. Andreas Reichlins Feuerringe sind letztlich gar nicht so viel anders als Gemälde von Anselm Kiefer oder Daniel Richter: Sie sind Kunst, an der man sich lange und immer wieder erfreuen kann. Nur, dass sich auf einem Richter-Gemälde nichts Nahrhaftes zubereiten lässt – zumindest nicht mehrmals.

➲ *Fazit: Eine Liga für sich. Kein Grill, um mal eben ein Würstchen zu braten, sondern eine massive Schönheit, mit der man problemlos 30 Gäste verköstigen und sich sogar noch nebenbei mit ihnen unterhalten kann. Im Grunde ist jeder Feuerring ein Happening. Ausschließlich über feuerring.ch*

REMUNDI CARUS

Optik: Der reizvolle Rost-Look macht den Unterschied, na ja, und das ausgefallene Design auch.
Verarbeitung: Bei mindestens sechs Millimeter Wandstärke wurde hier jede Menge Metall ver- und bearbeitet – und das auf höchstem Niveau.
Handhabung: Ein Lüftungsschieber erleichtert das Anfeuern. Die Feuerplatte kann laut Hersteller auf bis zu 350 Grad erhitzt werden. Sehr praktisch: die Holzablage im Sockel.
Preis-Leistung: Der Remundi Carus ist in den Größen S (Durchmesser der Feuerplatte: 62 cm), M (82 cm) und L (102 cm) für rund 900, 1100 und 1500 Euro zu haben. Für das Trio gilt: im Verhältnis noch erschwingliche Grill-Skulpturen.

➲ *Fazit: Eine geschmackvolle Freiluftskulptur, respektive Feuerschale, die mit einer sehr durchdachten Luftzufuhr auch noch technische Finesse mitbringt. Über grillfuerst.de; mehr Infos unter remundi.de*

BBQ-TORO

Optik: Rostroter Industrial Chic. Die Patina erzählt Geschichten von vergangenen Grillgelagen – selbst wenn die Feuerschale brandneu ist.
Verarbeitung: Bestens. Der hohe Materialeinsatz zahlt sich aus.
Handhabung: Das Anfeuern fällt anfangs schwer, aber als Liebhaber entwickelt man schnell Routine. Die Arbeitshöhe ist angenehm, doch das indirekte Grillen ist leider nur mit viel Aufwand und Erfahrung möglich. Die Grillfläche ist mit einem Durchmesser von nur 82 Zentimetern etwas zu klein geraten. Der Rost sollte leicht erhöht stehen, damit man laufend Holz nachlegen kann.
Preis-Leistung: Viel Stahl fürs Geld von rund 450 Euro. Passt!

➲ *Fazit: Eine ungewöhnlich filigran gestaltete Feuerschale. Wer gerne Feuerchen macht und gleichzeitig noch einen Hingucker für seinen Garten sucht, sollte hier zugreifen. Ausschließlich über bbq-toro.de*

FEU DU JARDIN BOULE

Optik: Na, wenn sich diese Feuerschale nicht bestens auf Ihrer Terrasse zwischen den Terrakotta-Töpfen und den Rosenrabatten machen würde...
Verarbeitung: Mit der ausladenden Größe von einem knappen Quadratmeter rückt das französische „Gartenfeuer" unübersehbar in den Mittelpunkt einer jeden Gartenparty. Außerdem hat es echte Steherqualitäten: Robust und sorgfältig verarbeitet überdauert es problemlos viele Jahre im Freien.
Handhabung: Zum Anfeuern bedarf es einer gewissen Übung, dann brennt es aber wunderbar: Die Feuerschale hat ein verstecktes Belüftungssystem. Verständlicherweise braucht der Ring etwas Zeit, um sich aufzuheizen, aber danach kann ausgiebig gezaubert werden, wenn auch nicht wirklich indirekt. Zusätzliche Ausstattung: der schwenkbare Grillrost. Braucht man bei der breiten Edelstahlplatte nicht unbedingt, macht aber Eindruck.
Preis-Leistung: 1337 Euro sind sicherlich viel Geld für einen Grill, der nicht wirklich vielseitig genutzt werden kann. Aber darum geht es hier nicht – sondern um ein Stück Lebensqualität.

➲ *Fazit: Wohl kein Gerät für talentierte Grillsportler, sondern eher eines für Menschen, die ihr Stilbewusstsein ausleben wollen. Dass man einen guten Geschmack hat, lässt sich auf dem Teller zeigen – und daneben eben auch. Über cafiro.de; mehr Infos unter feudujardin.com*

CHAR-BROIL ALL-STAR 120 ELECTRIC

Optik: So grundsolide wie Günther Jauch. Der hat allerdings weder Aludruckgussdeckel, noch Gussrost.
Verarbeitung: Und wieder: grundsolide. Verlässlich verarbeitet. Mit rund 25 Kilo bereits ein wahres Schwergewicht unter den Elektrogrills dieser Größe.
Handhabung: Sagten wir es schon? Grundsolide! Eine einfache, fast schon zwingend logische Handhabung. Die 2,2-Kilowatt-Heizschleife braucht ihre Zeit, bis sie den ganzen Grill aufgeheizt hat – und laut Thermometer Temperaturen bis zu 300 Grad erreicht sind. Die Hitze wird sehr gut auf dem Rost und unter dem Aludruckgussdeckel gespeichert und verteilt sich recht gleichmäßig. Leider lässt sich mit dem Char-Broil All-Star Electric nur fast ausschließlich direkt grillen – mit einer einzigen Heizschleife kann man nun mal keine indirekte Zone einrichten. Praktisch: Grill und Wagen können getrennt voneinander transportiert werden. Oder man setzt den Grill ganz ohne Wagen auf dem Tisch ein.
Preis-Leistung: Weniger solide. Rund 364 Euro sind viel Geld für ein Gerät, das man nur per Drehregler grob einstellen kann. Doch zumindest lässt sich der Grill schnell zerlegen und ist so vielseitig einsetzbar.

➲ *Fazit: Nicht nur sauber, sondern rein. Ein praktischer und vergleichsweise leistungsstarker Grill im Elektrobereich – mit gusseisernen Rosten und einem Aludruckgussdeckel, der Hitze hervorragend speichert. Wer nach einem Zweitgrill für ein paar schnelle Jobs sucht, findet im Char-Broil All-Star einen verlässlichen Partner fürs Leben. Über grill.edingershops.de; mehr Infos unter charbroil.de*

05. ELEKTROGRILLS

DIE NERDS UNTER DEN GRILLS: SO VERNÜNFTIG! SIE RAUCHEN NICHT, MACHEN NIEMALS ÄRGER UND SCHON GAR KEINEN DRECK. DESHALB GELTEN DIE STROMER AUCH NICHT ALS GROSSE SPASSKANONEN – DOCH DAS WIRD SICH MIT DIESEN HIER ÄNDERN. APPLAUS FÜR DIE LECKER-STECKER!

OUTDOORCHEF CHELSEA 420 E

Optik: Klassische Dreibeinkugel trifft auf Grill-Futurismus. Hat was!
Verarbeitung: Ein Leichtgewicht, aber durchaus stabil und mit integriertem Deckelhalter.
Handhabung: Sehr saubere und einfache Geschichte: Knopf drücken und loslegen. Mit dem Kugeldeckel und dem Hitzereflektor lässt sich auch größeres Grillgut im indirekten Bereich garen – das Hitzereflektor-„Hütchen" ist tatsächlich eine sehr sinnvolle Erfindung der Firma Outdoorchef. Die 2-Kilowatt-Heizschleife ist in Sachen Leistung der übliche Elektrogrillstandard – lässt sich aber in sieben Stufen einstellen.
Preis-Leistung: Mit 209 Euro völlig in Ordnung. Allerdings gab es in der Vergangenheit Klagen über die Lebensdauer. Als optionales Zubehör sind noch eine Gussplatte und ein Gussrost erhältlich.

➲ *Fazit: Die Vorteile liegen beim Outdoorchef Chelsea 420 E auf der Hand – ordentliche Handhabung, ordentliche Ergebnisse bei direktem und indirektem Grillen, ordentlicher Preis. Mit dieser Kugel können Balkongriller auch mal ein ordentlich dickes Steak zubereiten. Über kamdi24.de; mehr Infos unter de.outdoorchef.com*

NAPOLEON TRAVELQ

Optik: Ein gefälliger erster Eindruck: Aludruckgussgehäuse und Grillwagen kommen angenehm unspektakulär rüber.
Verarbeitung: Aluminiumgehäuse, porzellanbeschichtete Grillroste, dazu funktionale Kunststoffteile: Der Napoleon TravelQ punktet mit leichten, aber hochwertigen Materialien und einer Spitzenverarbeitung.
Handhabung: Wir sagen nur: Drehregler. Praktischer und schneller kann man keinen Grill bedienen. Der Rost speichert die Temperatur recht gut und überträgt sie auf das Grillgut. Auch der Aludruckgussdeckel hält die Hitze. Indirektes Grillen ist trotzdem nicht wirklich gut machbar. Der Grill hat zwei seitliche Griffe, mit denen er sich problemlos transportieren lässt. Er wiegt allerdings rund 20 Kilo. Die Reinigung ist einfach, da die Innenwanne und die Grillroste emailliert sind. Die Grillroste passen in jeden Geschirrspüler.
Preis-Leistung: Der Preis von 419 Euro (inkl. Untergestell) ist für Qualität und Handhabung in Ordnung. Ein Elektrogrill, der deutlich besser ist als die üblichen Tischgrills.

➲ *Fazit: Ein mobiler Elektrogrill mit hoher Leistung, der einem kleinen Gasgrill in nichts nachsteht. Bei ausreichender Belüftung kann er sogar in Wohnzimmer oder Esszimmer verwendet werden. Der Grill braucht zwar etwas länger bis er auf Temperatur kommt, hält diese dann aber konstant durch die vorbildliche Wärmespeicherung. Die Gussroste verteilen die Hitze äußerst gleichmäßig. Der große Nachteil des Napoleon TravelQ: Man kann nur direkt grillen, im mittleren Bereich bis zum Anfang des hohen Temperaturbereichs, also bis maximal 300 Grad. Das reicht aber aus für alles Kurzgegrillte, ist also vor allem für eine kleine Runde auf dem Balkon zu empfehlen. Über amgrill.de; mehr Infos unter napoleon.com*

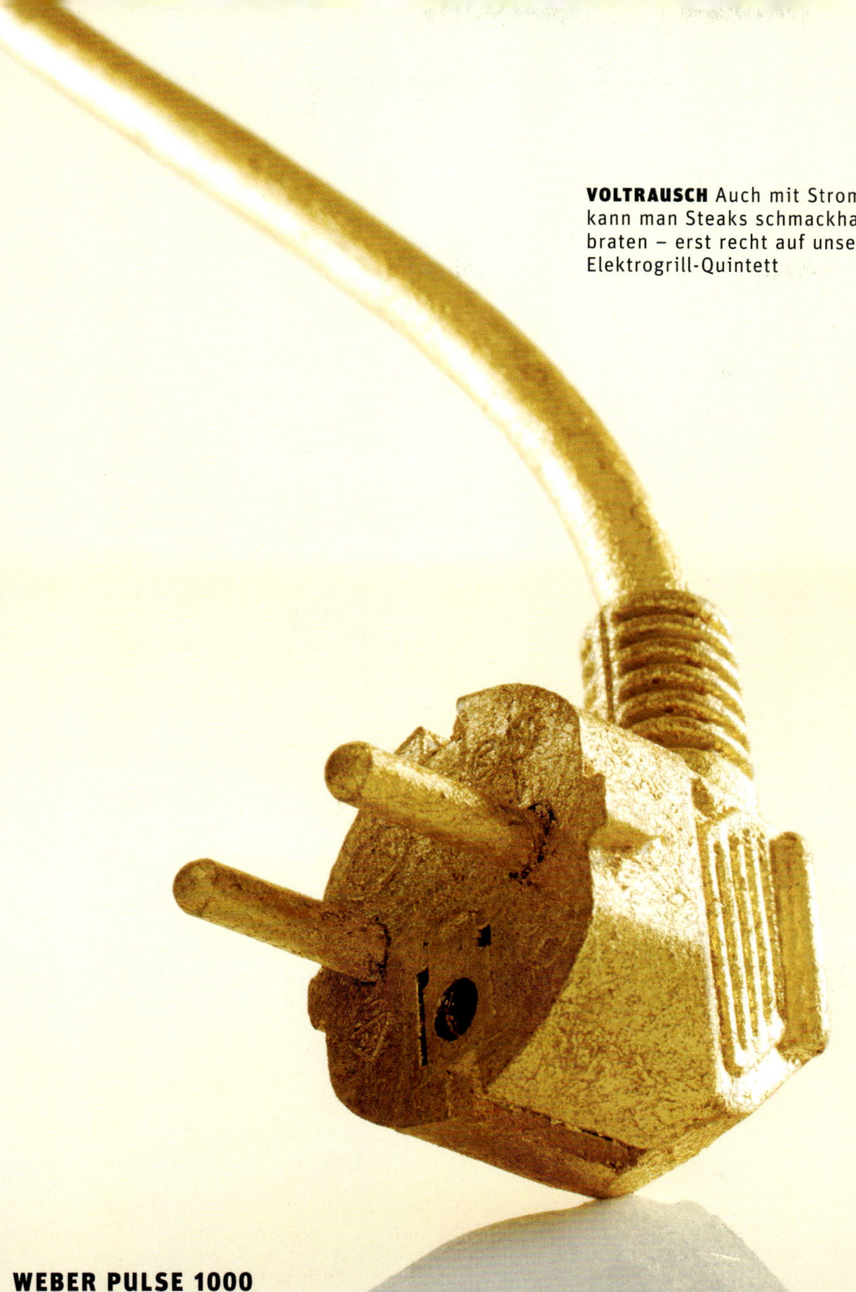

VOLTRAUSCH Auch mit Strom kann man Steaks schmackhaft braten – erst recht auf unserem Elektrogrill-Quintett

STEBA VG 400

Optik: Wie sagt man: nicht schön, aber selten! Das etwas gewöhnungsbedürftige Design wird von einem einzigartigen Deckel in Signalrot im wahrsten Wortsinne getoppt. Der Griff liegt dafür bestens in der Hand. Die Größe der Grillfläche ist genau richtig. Rot ist hier nicht der Tod!
Verarbeitung: Das Gehäuse ist aus Aluminiumguss. Fünf Füße sorgen für einen sicheren Stand. Vorbildlich sind die zahlreichen Ablagemöglichkeiten. Ebenfalls großartig: das Thermometer im – sagen wir es ruhig noch mal – signalroten Deckel.
Handhabung: Einschalten, aufdrehen, loslegen! Mit der gängigen 2,2-Kilowatt-Heizschleife überträgt der Steba die Hitze recht gut auf die Gussplatte – über diese überträgt sich die Kontaktwärme dann gut auf das Grillgut. Die Gussplatte des Steba lässt sich in diverse Hitzezonen einteilen. Eine nette Idee, die in der Praxis allerdings nur bedingt Vorteile hat. Indirektes Grillen ist nur mit Zubehör drin. Übrigens: Er eignet sich auch bestens als Tischgrill!
Preis-Leistung: Ordentlich! Für 289 Euro bekommt man einen Grill der sich schon durch seine Größe, aber auch durch seine Gussplatte mit Fettablauf von der Konkurrenz abhebt und – Sie wissen schon – durch seinen signalroten Deckel.

➲ *Fazit: Weniger was für Natural Born Bratmaxe, aber perfekt für Kurzgebratenes in den vier Wänden. Über grillfuerst.de; mehr Infos unter steba.com*

WEBER PULSE 1000

Optik: Weber gibt sich hier ein ganz neues Antlitz. Erfrischend!
Verarbeitung: Natürlich maximal hochwertig verarbeitet – und nicht umsonst mit einer Pauschalgarantie von fünf Jahren.
Handhabung: Sauber: Die Temperatur kommt nach Knopfdruck rasant auf Touren, die Heizschleife bringt es mit 1,8 Kilowatt auf erstaunliche 300 Grad und mehr! Die Hitze wird unter dem stabilen Deckel bestens am Rost gespeichert, indirektes Grillen ist aber leider nur mit Zubehör möglich. Ein charmanter Bonus: das weitere Zubehör, etwa ein Drehspieß. Und auch mit modernster iGrill-Technologie lässt sich der Pulse kombinieren.
Preis-Leistung: Rund 524 Euro sind eine Menge für einen kleinen Elektrogrill. Andererseits gibt es mit dem Pulse 1000 das wahrscheinlich leistungsfähigste Gerät in der E-Klasse.

➲ ***Fazit: Sehr, sehr gut. Die kompakte Bauart, die feinen Details wie der Deckelthermometer und die Möglichkeit, den Pulse zum iGrill aufzupimpen, überzeugen. Alle ambitionierten Brutzler, die nur einen Mini-Balkon haben: Zugreifen! Über weber.com***

MONOLITH GRILL JUNIOR

Optischer Eindruck: Klein, stark, schwarz. Ein im besten Sinne klassischer Keramikgrill. **Verarbeitung:** Ein solides Markenprodukt. In der Junior-Ausführung nur 43 Kilo schwer, mit einem Durchmesser von 33 Zentimetern beim Grillrost. Vorsicht beim Transport mit dem zugehörigen, wenig vertrauenerweckenden Dreiradwagen: Wenn ein Keramikgrill erst mal ins Rutschen gerät, ist ein Keramikgrill auch ganz schnell Geschichte. Das nennt man dann einen Sprung in der Schüssel. **Handhabung:** Der Grill besticht durch seine Vielseitigkeit: Grillen, BBQ, Räuchern und Backen, alles ist machbar. Super: Während des Grillens können über eine Schiene Räucherspäne zugeführt werden. **Preis-Leistung:** Knapp 650 Euro sind ein moderater Preis für einen eher kleinen Keramikgrill – aber der tut es ja völlig, wenn man denn auch moderate Ansprüche hat. Sinnvolles Zubehör ist im Preis inbegriffen: ein Warmhalterost mit Distanzstück, ein Deflektorstein zum indirekten Grillen und besagte Räucherschiene für die Zugabe von Räucherchips.

➲ *Fazit: Ein sympathischer Universalgrill, bei dem Leistung, Vielfältigkeit und vor allem das Preis-Leistungs-Verhältnis überzeugen. Ideal für Griller, die sich ausprobieren und das Keramikgrillen ernsthaft angehen wollen. Über grillfuerst.de; mehr Infos unter monolith-keramikgrill.de*

GOLDSPEICHER Unsere Karat-Keramik verleihen wir diesen Kamados für galaktische Longjobs jenseits von Zeit und Raum

KAMADO JOE CLASSIC II

Optischer Eindruck: Ei, Ei, Ei, was haben wir denn da? Ein unverwechselbarer Kamado in sattem Rot. Hat trotz seines Gewichts von 111 Kilo etwas sehr Leichtes, fast Schwebendes. **Verarbeitung:** Keramik, Beschichtung und Metall wurden feinstens verarbeitet. Der Grillrost ist aus wertigem Edelstahl. Nur der Wagen und das Untergestell vom Kamado Joe wirken so wackelig wie Namensvetter Joe Biden. Besser nicht auf unebenem Untergrund nutzen, sonst können schnell Risse im Korpus entstehen. **Handhabung:** Die Anfeuerung gestaltet sich problemlos. Anfänger brauchen etwa eine Woche, bis sie die Hitze im Griff haben. Der Grill braucht etwas zum Aufheizen, doch das Ergebnis ist dann auch in allen Temperaturbereichen und bei allen Grillmethoden bombastisch. Über die untere und obere Lüftung wird die Temperatur geregelt, der Deckel ist dank Druckluftscharnier leicht zu öffnen, die Seitenablagen können umgeklappt werden. Ein Deckelthermometer ist vorhanden. Grillrost und Deflektorstein sind geteilt, was einen flexibel bei den unterschiedlichen Zubereitungsarten macht. Reinigung? Zack, zack! **Preis-Leistung:** 1399 Euro sind eine stolze Summe, selbst für solch ein Highend-Produkt.

➲ *Fazit: Grillen, Räuchern, Backen, Low & slow-Garen: Mit diesem Top-Sportgerät gibt es nichts, was es nicht gibt. Über grillfuerst.de; mehr Infos unter kamadojoe.de*

BIG GREEN EGG 2XL

Optischer Eindruck: Kommando: Kamado! Dieses grüne Ei hat unseren vollsten Respekt – wegen seiner stattlichen Größe und wegen seines stattlichen Preises (siehe unten). **Verarbeitung:** Der reine Luxus. Erstklassige Verarbeitung, robuste Bauart, lebenslange Garantie auf die Außenkeramik. All das darf man bei dem Preis aber auch erwarten. Nicht umsonst lässt sich für den sicheren Transport optional ein Wagen mit Luftreifen erwerben. **Handhabung:** Für erfahrene Keramikgriller völlig unproblematisch. Das technische Niveau ist unvergleichlich hoch, Mitbewerber werden weit abgehängt. Durch die Strahlungshitze vom Keramikdeckel können beste Grillergebnisse erzeugt werden – und die Form des Grills, ergänzt durch ein ausgeklügeltes Lüftungssystem, erlaubt eine gleichmäßige Temperatursteuerung über lange Zeit. Beim BBQ heißt das: weit über 30 Stunden ohne Nachlegen. Das Big Green Egg vereint alle Vorzüge eines Steinbackofens mit denen eines Holzkohlegrills. Unschlagbar! **Preis-Leistung:** Ein Tusch! 4500 Euro sind auch bei dieser Qualität eine (sehr laute) Ansage.

➲ *Fazit: Sensationell! Ein Überflieger für Menschen, die schon alles (gemacht) haben und neue Abenteuer suchen. Über bbq-entertainer-shop.de; mehr Infos unter biggreenegg.eu*

06. KERAMIKGRILLS

AUFMARSCH DER SCHWERGEWICHTE! NICHT NUR WEIL IHRE MASSIVE KERAMIK DIE HITZE SO PERFEKT SPEICHERT, SIND KAMADOS DIE DAUERBRENNER UNTER DEN GRILLS. ES IST AUCH DAS EINZIGARTIGE GEFÜHL, ÜBER STUNDEN AN SOLCH EINEM HEISSEN OFEN ZU SMOKEN UND LONGJOBS AUSZUBRÜTEN. BEI DIESEN BLEIBT DIE ZEIT STEHEN ...

WEBER SUMMIT KAMADO E6

Optik: Wow! Was für ein Grill-Gigant – und was für eine große Klappe. **Verarbeitung:** Große Klappe, aber auch viel dahinter. Nämlich eine dicke Überraschung: Bei diesem Kamado wurde kein bisschen Keramik verarbeitet – Korpus und Deckel sind stattdessen aus dickem, doppelwandigem Blech. Deshalb wiegt der Grill insgesamt auch nur 65 Kilo (die Rollen am Wagen könnten trotzdem größer sein). Aber alles ist exzellent gefertigt, genau wie die soliden Deckelventile. **Handhabung:** Die Handhabung des Summit ist simpel, ähnlich wie beim klassischen Kugelgrill. Die Deckelkonstruktion schließt super. BBQ und Räuchern funktionieren einwandfrei, ebenso Longjobs wie Pulled Pork, Brisket und Spareribs. Im Garungsverlauf nimmt das Grillgut Raucharomen ausgezeichnet auf. Toll! **Preis-Leistung:** Mittelprächtig – man muss den Summit Kamado E6 schon lieben. Denn 1099 Euro erscheinen ein wenig überdimensioniert, selbst für einen Holzkohlegrill wie diesen. Auch wenn wir schwer beeindruckt sind von den 60 Zentimetern Durchmesser und der hervorragenden Isolierung ...

➲ *Fazit: Size does matter! Allein schon wegen seiner Größe hat dieser Weber Charme, aber auch wegen seiner vielseitigen Anwendungsmöglichkeiten – und weil er die Chuzpe besitzt, sich Kamado zu nennen, ohne ein Kamado zu sein. Tatsächlich ist diese Weiterentwicklung eines herkömmlichen Kugelgrills ein großartiges Sportgerät. Über weber-grillen.de*

WEBER GO ANYWHERE

Optik: Oh, ein Kosmetikkoffer für Männer? Nö, ein ziemlich cooler Begleiter fürs Grillen unterwegs.
Verarbeitung: Sehr gute Materialen, sehr gut verarbeitet. Kessel und Deckel sind porzellanemailliert, wie man es auch von den Weber-Kugelgrills kennt. Der Kohlerost ist aus Stahl, der Grillrost noch zusätzlich beschichtet. Dazu gibt's hitzeisolierte Duroplast-Griffe und zwei Lüftungsschieber aus Aluminium. Edel!
Handhabung: Sehr schick: Man trägt den 37 x 53 x 31 Zentimeter großen Weber to go wie ein Köfferchen. Zum Grillen klappt man die Beine (die sonst den Deckel halten) einfach rechts und links nach unten, Haube runter, Holzkohle rein. Über die oberen und unteren Lüftungsschieber lässt sich die Temperatur gut steuern. Und auch die Reinigung ist einfach – der Rost passt in den Geschirrspüler.
Preis-Leistung: Webers mobiler Grillspaß für knapp über 100 Euro. Das sollte einem diese kleine Freude wert sein.

➲ *Fazit: Der Kleine bringt alles mit, was man auf die Schnelle braucht. Für einen tragbaren Holzkohlegrill liefert der Weber Go Anywhere gute Grillergebnisse ab: Die Zuluftregelung macht es aus. Unkomplizierte Grillgerichte – Nackensteaks, Würstchen, Burger, Fisch und Gemüse – gelingen durch die Bank. Perfekt für den Campingurlaub oder für die nächste Radtour. Oder einfach nur als hübsches Spielzeug. Über weber.com*

07. KOMPAKTGRILLS

DIESE KLEINEN EXZENTRIKER! DER EINE MACHT AUF HANDTASCHE, DER ANDERE AUF DICKE HOSE. WAS SIE VEREINT: SIE PASSEN AUFS RAD ODER IN DEN CAMPER – UND MAN KANN MIT IHNEN GRILLEN

MONOLITH ICON

Optik: Der Grill als Knutschkugel.
Verarbeitung: 35 Kilo Keramik und Metall, bis in die hintersten Ecken sauber verarbeitet – wenn der Monolith Icon denn überhaupt Ecken hat.
Handhabung: Für Könner unproblematisch, für Neulinge ein wenig gewöhnungsbedürftig. Nach dem Anfeuern zieht die Kohle im Kamineffekt durch und die Keramik kann die Hitze überall gut speichern. Zu- und Abluft sind durch die Regler fein einstellbar – beim indirekten Grillen ein Vorteil. Ein wenig Gefühl in den Fingerspitzen kann aber nicht schaden, dann lässt sich jedes Grillgut punktgenau zubereiten. Man kann mit dem Icon grillen, garen, smoken und mit Zubehör auch Pizza backen. Aber: Der Grill lässt sich nicht wirklich zusammenfalten. Und ein Leichtgewicht ist er auch nicht.
Preis-Leistung: Fast 700 Euro gehen für einen kleinen Keramikgrill gerade so in Ordnung. Der Icon tut aber einiges, um den Preis zu rechtfertigen: Mit 33 Zentimetern Durchmesser bietet er viele Möglichkeiten, nicht nur zum Grillen. Zudem lässt er sich mit allerlei Zubehör zur Allzweckwaffe aufrüsten.

➲ *Fazit: Der Icon ist nicht superleicht und auch nicht supergünstig, aber ein Keramikgrill, der wirklich vieles kann – vom Backen bis zum ambitionierten Grillen. Fast ein Küche to go. Über grillfuerst.de; mehr Infos unter monolith-keramikgrill.de*

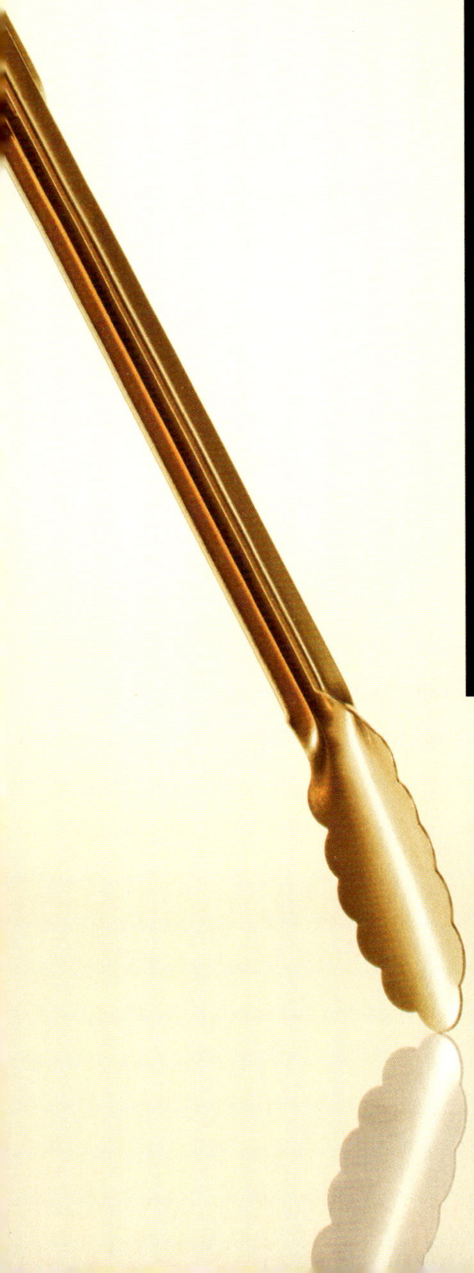

GLAMOUR-GRIFF
Sofort zuschnappen: Jedes der Kompaktgeräte ist ein mobiles Grillkommando

MINI-KAMADO 13 ZOLL ACTION

Optik: Augenschmeichler – ein Keramikgrill eben!
Verarbeitung: 25 Kilogramm Keramik mit etwas Metall, alles perfekt verarbeitet.
Handhabung: Er ist weder klappbar, noch sonst irgendwie zu schrumpfen und mit 25 Kilo auch nicht eben ein Fliegengewicht. Dafür gibt's eine exakte Regelung der Zu- und Abluft, die ordentlich Hitze erzeugt. Die Keramik speichert diese nicht nur bestens, sie unterstützt auch den Feuchtigkeitsaustausch mit den Lebensmitteln bei indirekter Hitze (also mit geschlossenem Deckel). Toll zum Brotbacken! Fürs indirekte Grillen lässt sich dieser Grill optimal runterregulieren. Die 20 Zentimeter auf dem Grillrost sind aber das absolute Minimum an Platzbedarf.
Preis-Leistung: Rund 130 Euro – das ist wenig Geld für sehr viel Keramikgrill. Besser geht es kaum.
➲ *Fazit: Der kompakt gebaute Kamado ist aufgrund seiner Vielseitigkeit jeden Euro wert – und seine Einsatzmöglichkeiten können mit dem Zubehör auch noch ausgebaut werden. Mit seinen 25 Kilo ist der „Action" zwar nicht der Mobilste – aber ein brandheißer Tipp für alle Keramik-Einsteiger. Über grill.edingershops.de*

EVERDURE CUBE

Optik: Ausgefallenes Design im Stil der Seventies, das bereits mehrfach ausgezeichnet wurde. Erhältlich in vier Farben und mit einer praktischen Tasche.
Verarbeitung: Gute Materialen, gut verarbeitet. Mit emailliertem Innenraum, hitzeisolierten Chromgriffen und einem entnehmbaren Kohleeinsatz.
Handhabung: So einfach kann's sein: Deckel (Brett) und Schale abnehmen, Rost zur Seite, Kohle rein, anfeuern, durchglühen – auf geht's! Dank der Lüftungsschlitze rundherum, macht der Cube, was er soll. Auch sonst ist das System mit integriertem Schneidebrett und beschichteter Grillplatte gut durchdacht – und zusammengeklappt geht der Grillwürfel sogar als Hocker durch. Einziges Manko: kein Deckel für indirektes Grillen.
Preis-Leistung: Rund 150 Euro sind für so ein Designobjekt doch bestens angelegt.
➲ *Fazit: Ein wirklich schöner Holzkohlegrill aus dem Hause Everdure in Kompaktbauweise. Für einfache Grillgerichte unterwegs ganz wunderbar – mehr ist mangels Deckel leider nicht machbar. Mit dem Schneidebrett und der Aufbewahrungsschale hat man auf Reisen alles dabei – und das mit Stil. Über grill-kontor.com; mehr Infos unter everdurebyheston.de*

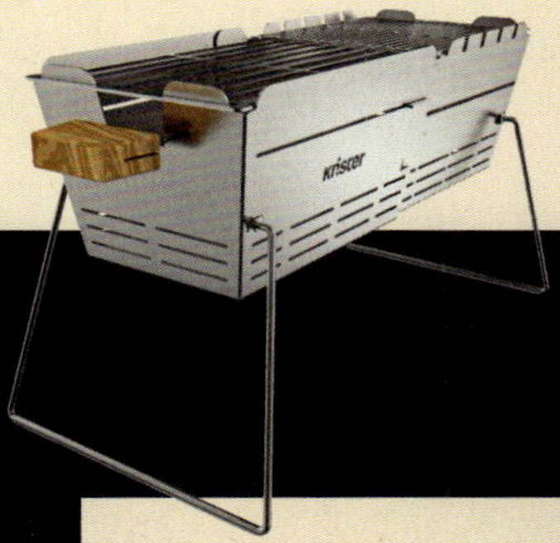

KNISTER GRILL

Optik: Schöne kubistische Form mit edlen Holzgriffen – für dieses Schatzkästchen gab es nicht umsonst bereits den Red Dot Design Award. Tolle Idee: Der Grill ist ausziehbar!
Verarbeitung: Nun ja, sagen wir es so: Der Knister Grill ist nicht für die Ewigkeit gemacht. Aber er hält mit seinem stabilen Stahlgehäuse trotzdem eine Menge aus.
Handhabung: Super simpel: Füße ausklappen, ausziehen, mit Kohle befüllen, anzünden und warten, bis sie durchgeglüht ist. Die Schlitze gewährleisten dabei eine ordentliche Luftzufuhr, und dank einer Erweiterung lassen sich zwei Grillzonen einrichten (die Edelstahlroste geben übrigens ein tolles Branding ab). Und nach dem Grillen schiebt man das Gerät einfach wieder zusammen. Kein Witz: Es gibt eine Halterung fürs Fahrrad, sodass man den Knister sogar als Einkaufskorb benutzen könnte. Oder um das Grillgut zu kutschieren.
Preis-Leistung: 129 Euro sind ein fairer Preis für den kleinen Knister. Im direkten Grillbereich geht alles, und er ist wirklich kompakt genug gestaltet, um auf große Reise zu gehen.
➲ *Fazit: eine stilvolle Alternative zu den unsäglichen Einweggrills, die die Umwelt belasten. Und ein treuer Begleiter für alle Camper, Biker und Radfahrer. Über knister-grill.com*

SKOTTI MIT PLANCHA-SET

Optik: Beam me up, Skotti! Klasse Design – der Grill zum Zusammenstecken hat wirklich Charakter, und das alles im Handtaschenformat. Hängen wir uns nach dem Grillen gerne an den Arm.
Verarbeitung: Erstklassiger V2A-Edelstahl. Die Einzelteile schön abgerundet und passgenau, sodass beim Zusammenstecken nichts schiefgeht.
Handhabung: Was für ein lässiges 3-D-Puzzle: Der nur drei Kilogramm schwere Skotti hat als Zubehör eine Plancha-Platte, wodurch er zum mobilen Mehrzweckgrill wird. Denn mit dem Plancha-Set kann man ganz normal auf dem Rost grillen und gleichzeitig noch ein Spiegelei braten. Der 2,5-Kilowatt-Brenner befeuert die 30 x 20-Zentimeter-Grillfläche ganz ordentlich – ausreichend für eine launige Grill-Session. Und wenn das Gas alle ist, kein Problem: Den Skotti kann man auch mit Holzkohle betreiben!
Preis-Leistung: Das pfiffige Patent ist seine 198 Euro absolut wert (Set-Preis im Handel – oder Plancha-Platte zusätzlich beim Hersteller kaufen).

➲ *Fazit: Ein sehr witziges Teil. Allein die Idee, ihn sowohl mit Gas als auch mit Holzkohle zu befeuern, ist Gold. Weitere Pluspunkte sind seine Kompaktheit (Tasche wird mitgeliefert) und die Plancha-Platte, mit der man genauso gut Frühstück wie asiatische Köstlichkeiten zubereiten kann. Camper und Geländegriller werden diesen Alleskönner lieben. Über grill-experte.de; mehr Infos unter skotti-grill.eu*

EDELMETALL-SCHEIBE Diese Tischgrills haben sie sich verdient – als treue Freunde und Helfer, wenn's mal schnell gehen muss

08. TEPPANYAKI & PLANCHA

JETZT MAL GANZ UNTER UNS: TISCHGRILLS GELTEN ZWAR NICHT ALS DIE GROSSE NUMMER – ABER WIR LIEBEN SIE HEISS UND INNIG. OB EINE SCHNELLE SESSION MIT WURST, STEAK UND BACON ODER EIN AUSFLUG NACH JAPAN MIT FISCH UND GEMÜSE, SIE STEHEN UNS TREU ZUR SEITE. DIE BESTEN HABEN SOGAR RICHTIG MAGIE UND ZÜNDEN EIN ECHTES TISCHFEUERWERK!

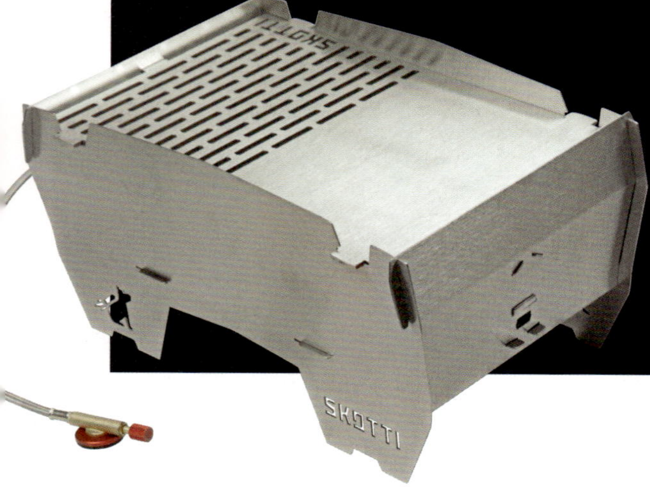

SOLIS TEPPANYAKI@HOME

Optik: Sauber, schnörkellos, minimalistisch. Was zur japanischen Küche passt. Und wenn man noch die stylische Teppanyaki-Glocke draufsetzt, wirkt er wie ein kleiner Grill-Tempel.
Verarbeitung: Grundsolide – schweizer Qualitätsarbeit mit sechs Kilogramm Edelstahl.
Handhabung: Die beleuchteten Drehregler machen es dem Tischgriller denkbar einfach: Rot/Grün bedeuten Soll-/Ist-Temperatur, die Power kommt von getrennt steuerbaren Heizschleifen mit jeweils 1000 Watt – damit kann man schon was ausrichten. Wie auch mit der Teppanyaki-Glocke zum Dünsten und Warmhalten sowie den beiden Spachteln – unverzichtbar für die Performance als japanischer Koch. Die mehr als gut gemeinte Saftrinne erfüllt auf jeden Fall ihren Zweck, und auf die Fettschublade ist ebenfalls Verlass.
Preis-Leistung: Rund 280 Euro sind recht ambitioniert – aber mit der Glocke und den Spachteln hat man viel Spaß am Tisch. Insofern ist japanisches Lebensgefühl im Preis mit inbegriffen.

➲ *Fazit: Beim Solis Teppanyaki@Home kann man wirklich alles über die Platte schicken. Na ja, fast alles. Aber dafür holt man sich Japan ins Haus und spart das Flugticket nach Tokio. Ausschließlich über swiss-finest.de*

TEFAL MAXI PLANCHA CB 690D

Optik: Hallo, wer hat denn da am Tisch Platz genommen? Maxi ist die Plancha in der Tat mit ihren 47 x 33 Zentimetern Grillplatte. Sehr gut! Und sehr gut auch, dass sie so schön schlicht geraten ist.
Verarbeitung: Sehr solide, wie man es von der Firma Tefal kennt. Tadellose Antihaftbeschichtung, und die elektrische Aufheizung powert mit 2300 Watt.
Handhabung: Denkbar einfach. Sehen sie unten den runden Drehregler? Das ist die Hitzesteuerung mit fünf Temperaturstufen. Vorne in der Mitte ist die Fettauffangschale integriert, um Öliges per Spachtel zu entfernen. Doch dank ihrer Antihaftbeschichtung grillt die Plancha natürlich auch gänzlich fettfrei. Und der mitgelieferte Deckel schützt gleichermaßen vor Spritzern und Wind – was die Maxi Plancha auch für Terrasse und Balkon qualifiziert.
Preis-Leistung: Exzellent! Mit einem Preis ab 140 Euro liegt die Tefal Maxi Plancha deutlich im unteren Segment.

➲ *Fazit: Da gibt es wirklich nichts zu meckern! Die gut funktionierende und robuste Plancha ist ideal für einfache, schnelle Grillgerichte wie Fischfilets, Gemüse oder dünne Steaks. Leicht zu transportieren macht sie auch Outdoor-Fans satt – dank ihrer Größe auch gesellige Runden bis zu fünf Personen. Mehr Infos und Händlersuche unter tefal.de*

BARBECOOK JUNKO SCHWENKGRILL

Optik: Reduziert, aber ansehnlich – Minimalismus regiert!
Verarbeitung: Auch hier alles eher zurückgenommen: sparsamer Materialeinsatz bei einfacher Verarbeitung. Die Feuerschale ist aus lackiertem Stahl.
Handhabung: Dieses Dreibein ist für die Wanderschaft gedacht und mit 18 Kilo das Leichtgewicht unter den Schwenkern. In die Schale passen nicht allzu viel Holz oder Kohle, doch zum schlichten Grillen reicht es. Der Edelstahlrost lässt sich am Seilzug mit kleiner Kurbel über dem Feuer justieren – direktes Grillen klappt so reibungslos. Der Junko lässt sich auch ohne Probleme zusätzlich mit einem Barbecook-Schmortopf und einem Gusswok aufrüsten.
Preis-Leistung: 199 Euro sind nicht wenig, aber das relativ geringe Gewicht und die Zusatzmöglichkeiten versöhnen den Outdoor-Griller.

➲ *Fazit: Back to the roots: Der Barbecook Junko erinnert uns daran, dass es zum Grillen im Grunde nicht viel braucht. Und auf Wochenendausflügen sorgt er für ein abendliches Highlight. Gut Schwenk!*
Über feuerkorb-shop.de; mehr Infos unter barbecook.com

09. SCHWENKGRILLS

WER MAL SO RICHTIG ABHÄNGEN WILL, KOMMT AN IHM NICHT VORBEI. AN DEM DREIBEINER STEHT MAN NIEMALS ALLEIN, IRGENDWER RUFT IMMER „LEG NACH, EIN STEAK PASST NOCH DRAUF!" UND RECHT HAT ER. DENN MIT DEM SCHWENKER KENNT DAS GRILLEN KEINE GRENZEN. DAS LEBEN KANN SO EINFACH SEIN!

TENNEKER SCHWENKGRILL TC SWING II

Optik: Robust und archaisch steht er wie eine Eins. Mit diesem Schwenkgrill gibt es ganz sicher keinen Durchhänger!
Verarbeitung: Hoher Materialeinsatz bei der Feuerschale, aber hier und da hat dieser Swinger auch ein paar kleinere Verarbeitungsmängel.
Handhabung: Ultrasimpel – es ist nun mal ein Schwenkgrill. Eines aber sollte klar sein: Der Tenneker braucht viel Platz und einen ebenen Untergrund. Vorzugsweise sollte er mit Grillkohle befeuert werden, die Möglichkeiten, den verchromten Rost rauf- und runterzufahren, sind recht übersichtlich. Direktes Grillen ist überhaupt kein Problem. Das große Plus ist die stabile Schale: Nach dem Grillen lässt sie sich mit ein paar Holzscheiten einfach in ein Lagerfeuer verwandeln.
Preis-Leistung: Passt schon! Allein das verwendete Metall rechtfertigt den Preis von 169 Euro.

➲ *Fazit: Erst Würstchen und Nackensteaks, dann Lagerfeuerromantik. Cowboys sollten ihr Pferd satteln!*
Über hornbach.de

GOLDFINGER Lagerfeuer, Cowboy-Flair und Würstchen satt sind es wert – den Grillhandschuh de luxe für die Schwenkgrills

LANDMANN SCHWENKGRILL GEOS

Optik: An dieser gelungenen Kombination aus Grill und Lagerfeuer können die Abende lang werden – und feuchtfröhlich.
Verarbeitung: Der Landmann ist nichts für hohe Ansprüche, aber schnell montiert und ziemlich standfest. Die Glutschale ist emailliert und der Grillrost verchromt.
Handhabung: Kein Essen auf Rädern – zum Transport ist der wuchtige Landmann wenig geeignet. Aber wenn er mal seinen Platz gefunden hat, wackelt hier nichts, auch weil der Grill mit einem Erdspieß, einer Art Hering, auf Rasen zusätzlich gesichert werden kann. Am besten sollte er mit Grillkohle befeuert werden, das Nachlegen geht dabei leicht von der Hand. Praktisch: Der Rost wird in einen Ring eingelegt, der verhindert, dass Grillgut in die Glut rollt, und über die Kette ist er fast stufenlos in der Höhe verstellbar. Die Glutschale hat keine Lüftung, nach längerem Grillen wird es deshalb schwierig, die Glut auf Temperatur zu halten. Die Reinigung wiederum ist schnell gemacht. Für direktes Grillen eignet sich der Landmann ganz wunderbar!
Preis-Leistung: Eine faire Sache für gerade mal 149 Euro. Man kann ihn aber noch billiger finden – und das ist dann unschlagbar.
➲ *Fazit: Ein solider Schwenkgrill für den kleinen Geldbeutel und den kleinen Anspruch. Aber alles Kurzgegrillte bringt der Landmann tadellos auf den Teller. Außerdem ist er ein Stimmungsgarant – und das ist viel wert! Über landmann.de*

EDELHOLZ! Für dieses geniale Smoker-Sixpack legen wir unsere Hand ins Feuer. Oder nein, doch besser ein Brisket!

WEBER SMOKEY MOUNTAIN

Optik: Er sieht aus wie R2D2 in Schwarz, sollte aber golden wie C3PO sein, so großartig ist dieser Weber. **Verarbeitung:** Wie von Weber gewohnt: exzellente Qualität. Solide Emaille und hitzeisolierte Nylongriffe. Punktabzug allerdings für die vordere Klappe zum Nachlegen, die lediglich aus dünnem Aluminiumblech besteht. Edelstahl wäre hier besser gewesen. Und auch die Grillroste sind leider nur verchromt. **Handhabung:** Einfach. Der Grill hat zwar keine Räder, kann aber locker an seinen Einsatzort getragen werden. Wenn er in Betrieb ist, sollte er dann allerdings auch dort stehen bleiben. Auf die zwei Grillroste mit einem Druchmesser von 57 Zentimetern passt auf zwei Ebenen jede Menge Grillgut. Bei kühlen Außentemperaturen und Wind kann die Garraumtemperatur stark schwanken, die mit drei Lüftungsschiebern geregelt wird. Durch die Frontklappe wird Kohle nachgelegt oder Räucherholz auf die Glut gegeben. Der Watersmoker ist für niedrige bis mittlere Hitze gedacht. Ideal ist er für low & slow, ohne dass man ständig Kohle nachlegen müsste. Durch den Wasserdampf bleibt das Grillgut saftig. Direktes Grillen ist nicht wirklich möglich. Die Reinigung gestaltet sich problemlos. Mit einem Premium-Drehspießset kann man die Bandbreite an Methoden erweitern. **Preis-Leistung:** Beide Daumen hoch! Für 499 Euro – also gerade mal die Hälfte dessen, was man sonst für einen üblichen Offset-Smoker bezahlt – bekommt man ein fantastisches Markengerät.

➲ *Fazit: Der Smokey Mountain ist eine gute Alternative zum klassischen BBQ-Smoker. Durch seine dünne Wandstärke hält er zwar die Temperatur nicht lange konstant, doch durch die große Öffnung können jederzeit Briketts nachgelegt werden. Platz fürs große BBQ ist vorhanden, da auf zwei Ebenen gegart werden kann. Warmräuchern, Heißräuchern oder sogar Kalträuchern? Geht alles! Über grillstar.de; mehr Infos unter weber.com*

SMOKY FUN EURO SMOKER

Optischer Eindruck: Wieso „Euro Smoker"? U-S-A! Eine kleine Grill-Lok im traditionellen amerikanischen Look. Sieht aus wie: Fun, Fun, Fun!
Verarbeitung: Fünf Millimeter Stahlblech, Grillroste aus Edelstahl, ein beachtliches Gewicht von 115 Kilogramm. Klingt mehr als okay!
Handhabung: Unkompliziert. Den Smoker kann man mit seinen zwei großen Rädern zackig in Position bringen. Die Feuerkammer rechts ist leider etwas zu klein geraten: Hier können nur kurze Holzscheite verwendet werden. Einen Deckelhalter gibt es als Zubehör. Fürs Anheizen muss man etwas Zeit einplanen, das dauert hier länger. Mit dem Kamin und der seitlichen Lüftung wird die Temperatur reguliert, in der Mitte und rechts kommt man immer auf 30 bis 40 Grad mehr (als Zubehör gibt es ein Hitzeleitblech, das für eine bessere Verteilung sorgt). Beim direkten Grillen im Garraum kommt leider zu wenig sauerstoffreiche Luft an die Kohle – aber für eine schnelle Grillrunde reicht es dicke. Die Oberflächen sind gut zu reinigen. Bitte drauf achten, dass der Smoker stets trocken steht, sonst rostet er.
Preis-Leistung: 999 Euro sind ein fairer Einsteigerpreis für einen Smoker. Zubehörteile wie Fetteimer, Ascheschieber, Hitzeleitblech, Deckelhalter und Grillrost sind allerdings nicht dabei.

➲ *Fazit: Ein bodenständiger Junge, der abliefert. Unter seiner rauen Schale hält er bei regelmäßigem Nachlegen von Holz oder Briketts die Temperatur über Stunden. Mit Übung kann die Feuerbox für direktes Grillen verwendet werden. Zusammen mit der Garkammer wird ein Rundum-Sorglos-Paket daraus. Über grillfuerst.de; mehr Infos unter smokyfun.net*

10. SMOKER

KLAR LÄSST SICH MIT DER KANTIGEN KÖNIGSKLASSE SCHONENDER GAREN UND GESÜNDER GRILLEN. ABER WEN INTERESSIERT DAS? VIEL SPANNENDER IST DAS WILD-WÜRZIGE RAUCHAROMA, DAS NUR SMOKER HINBEKOMMEN. DA WERDEN WIR ZU DIOGENES UND WÜRDEN IN DIESEN TOLLEN TONNEN AM LIEBSTEN ÜBERNACHTEN!

MASTERBUILT GRAVITY 1050

Optik: Was für ein cooler Kasten! Einer mit Ecken und Kanten, der sich so von der Konkurrenz abzuheben weiß. Überraschung: Der Masterbuilt Gravity sieht zwar aus wie ein Pellet-Smoker, funktioniert aber mit Kohlebriketts.
Verarbeitung: Robuster Eindruck mit Grillflächen und Rosten aus Gusseisen. Hier ist einiges an innovativer Technik im Einsatz, während die meisten Smoker deutlich archaischer funktionieren.
Handhabung: Kriegt jeder hin. Schließlich arbeitet dieser Grill überwiegend automatisiert. Der Gravity smokt nach Prinzip eines Pellet-Brenners: Sobald er von Hand angezündet ist, regulieren sich Kohlen- und Luftzufuhr nach der digital eingestellten Solltemperatur automatisch. So werden im Garraum Temperaturen von bis zu 370 Grad erreicht. Mit einer Füllung Kohle kann bis zu acht Stunden gegrillt werden, ein Gebläse sorgt für Sauerstoffzufuhr – also auch für Longjobs geeignet, wenn denn immer fleißig Kohle nachgefüllt wird. Wie beim klassischen Smoker können Räucherspäne verwendet werden. Und: Im Gegensatz zu vielen Smokern kann man direkt grillen. Eine Steuerung per App ist ebenfalls möglich.
Preis-Leistung: Ausgeglichen. Viel Technik für nicht wenig Geld: 999 Euro. Doch solange die Automatik funktioniert, bleiben wir ganz entspannt.

➲ *Fazit: Ein moderner Smoker für Techies! Die Automatisierung seiner Befeuerung hat ihre Reize. Das Ergebnis ist dasselbe wie bei einem klassischen Smoker. Man sollte natürlich Vertrauen zu innovativer Technik mitbringen. Allerdings arbeiten Pellet-Heizungen nach genau diesem Prinzip schon seit Jahrzehnten. Über grillfuerst.de; mehr Infos unter masterbuilt.com*

NAPOLEON WATERSMOKER APOLLO AS 200K

Optik: Er heißt Apollo und ist eine Rakete. Houston, hier hat niemand ein Problem!
Verarbeitung: High Class: Solide Emaille, hitzeisolierte Griffe, nur etwas schwerer und somit standfester könnte der Napoleon Watersmoker Apollo sein.
Handhabung: Schlicht und ergreifend. Die variablen Aufbaumöglichkeiten des Apollo sind beeindruckend: Der Grill besteht aus vier Teilen und kann dadurch als großer oder halbhoher Smoker, aber auch als klassischer, kleiner Kugelgrill eingesetzt werden. Die einzelnen Teile werden mit Schnappverschlüssen verbunden – was auch erklärt, warum der Apollo keine Räder hat. Die braucht er nicht. Die Grillfläche auf den zwei Grillrosten mit 40 Zentimetern Durchmesser ist nicht üppig, aber durchaus ausreichend, erfahrungsgemäß grillt man ja sowieso große Stücke. Aufgeheizt ist der Grill schnell, er sollte aber unbedingt windstill stehen. Drei Lüftungsschieber regeln die Temperatur, zwei Klappen dienen zum Nachlegen von Kohle oder Holzchips und zur Kontrolle des Grillguts. Im Deckel befindet sich eine Stange, an die Haken zum Räuchern gehängt werden können. Wahlweise direktes oder indirektes Grillen werden möglich, wenn man nur das Unterteil mit dem Deckel verwendet. Die Reinigung der Oberflächen und Grillroste ist in Minuten erledigt.
Preis-Leistung: Trotz seines Namens ist der Apollo gar nicht abgehoben. Im Gegenteil: Für 299 Euro erwirbt man hier ein vielseitig einsetzbares Multitalent.

➲ *Fazit: Ein All-in-one-Smoker mit schlauen Detaillösungen. Einer seiner größten Vorzüge ist die funktionale Erweiterung des Kamineffekts, ein anderer seine umfassende Bandbreite an Leistungen. Auch stark: Der Watersmoker deckt alle Temperaturbereiche ab. Alles in allem eine spacige Allzweckwaffe für jeden Grill-Enthusiasten mit Lust am Neuen. Über amgrill.de; mehr Infos unter napoleon.com*

JOE'S BARBEQUE SMOKER 16''

Optik: Tut, tut, tut, die Eisenbahn! Dieser traditionelle 16-Zoll-Offset-Smoker erinnert doch deutlich an eine schöne, alte Dampflokomotive.
Verarbeitung: Unverwüstlich! Hier wurde 5,2 Millimeter dicker Stahl verwendet. Die Schweißnähte sind allesamt sauber, die Edelstahl-Grillroste funkeln und die Deckel passen exakt. Dieser 110 Kilo schwere Smoker wurde in Handarbeit gefertigt – und das merkt man auch.
Handhabung: Lässig. Mit seinen großen Rädern lässt sich der Joe's ohne Umstände umherfahren und macht so den Garten zum Rangierbahnhof. In der rechten Feuerkammer wird mit Holz, Holzkohle oder Briketts geheizt. Der Smoker braucht schon einige Zeit, bis er auf Temperatur ist, dann aber hält er die Gradzahlen konstant über viele Stunden. Gebaut wurde er für Longjobs mit indirekter Hitze, doch mit etwas Übung kann die Feuerbox auch für direktes Grillen verwendet werden. Die kalte Asche wird mit dem Schürhaken aus der Feuerkammer entfernt, Fett in einem Eimer aufgefangen. Oberflächen und Grillroste sind leicht zu reinigen.
Preis-Leistung: 1095 Euro sind gerechtfertigt. Für Zubehör sollten Sie allerdings noch mal rund 200 Euro drauflegen.

➲ *Fazit: Ein Smoker, wie Amerikaner ihn seit Jahrzehnten lieben. Bei low & slow und im Temperaturbereich zwischen 90 und 180 Grad glänzt Joe's Barbeque Smoker ganz besonders.
Über santosgrills.de; mehr Infos unter grillfuerst.de*

RÖSLE WATERSMOKER F50-S

Optik: Ist da ein Satellit in Ihrem Garten abgestürzt? Nein, es ist nur der Watersmoker von Rösle im futuristischen Sputnik-Look.
Verarbeitung: Echte Allgäuer Wertarbeit: Porzellanemaillierter Stahl, Aluminium und verchromter Stahl wurden hochwertig verarbeitet.
Handhabung: Einfach nur einfach. Je mehr Sauerstoffzufuhr man einstellt, desto heißer wird die Kiste. Interessant ist die mögliche Variation des Raucharomas durch verschiedene Hölzer und Materialien, etwa durch Sägemehl, Späne oder Stückgut. Experimentieren lohnt sich hier sehr! Will man Temperaturen über 110 Grad erreichen, packt man besser Sand statt Wasser in den Smoker. Die Kohlenschale kann mit einem Grillrost bestückt werden – der Smoker wird so zu einem direkten Grill für Kurzbratstücke.
Preis-Leistung: Beim Sputnik unter den Smokern piept es keineswegs. 419 Euro sind für eine gelungene Kombination aus Smoker und Kugelgrill auf robustem Fahrgestell absolut angemessen.

➲ *Fazit: Bella Figura! Der Rösle Watersmoker F50-S macht, was er soll – und bei all dem auch noch eine gute Figur. Die Ergebnisse sind durchweg überzeugend. Außerdem besticht er durch zahllose liebenswerte Kleinigkeiten: das Deckelscharnier, der stabile Wagen, der Sieben-Liter-Wassertank oder der Hakenaufsatz unter dem Deckel. Und dabei braucht er nicht einmal besonders viel Platz. Intergalaktisch!
Über grillfuerst.de; mehr Infos unter roesle.com*

FOTOS: KRÖGER & GROSS; STYLING & PROP-CREATION: BERND STEINGASS; PRODUKTION: MONIQUE DRESSEL/ALLE FÜR BEEF! (11), HERSTELLER (50)

MÖCHTEN SIE BEEF! ODER UNSERE BEEF!-PRODUKTE VERKAUFEN?

Werden Sie BEEF!-Fachhändler, und bestellen Sie BEEF! – das Kochmagazin für Männer – bei uns. Verkaufen Sie es dann bei sich im Geschäft oder auf Ihrer Website. Als Fachhändler haben Sie ebenso die Möglichkeit, die BEEF!-Produkte zum Verkauf anzubieten. Alle unsere Fachhändler präsentieren wir im Heft auf der Fachhändlerseite mit Namen und Adresse. Außerdem erhalten Sie unsere exklusiven Produkte zu Sonderkonditionen – es lohnt sich also doppelt für Sie. Wenden Sie sich einfach per E-Mail an: fachhaendler@beef.de. Oder schicken Sie den ausgefüllten Coupon an: DPV Deutscher Pressevertrieb GmbH, Frau S. Hohmann, Am Baumwall 11, 20459 Hamburg

BUY BEEF! MÄNNER KOCHEN ANDERS

IHRE BESTELLUNG

Ja, ich bin am Verkauf von BEEF! oder der BEEF!-Produkte in meinem Geschäft interessiert. Bitte setzen Sie sich mit mir in Verbindung.

Firma, Ansprechpartner ____________________

Straße, Nummer, PLZ, Ort ____________________

Telefon, Fax, E-Mail ____________________

BEEF!-FACHHÄNDLER

DEUTSCHLAND

Fleischerei & Partyservice Danilo Dubau GmbH
Senftenberger Straße 21
02977 Hoyerswerda

Café Maître GmbH
Karl-Liebknecht-Straße 62
04275 Leipzig

Delikatessen Discounter/ nah und gut
Güntzelstraße 40
10717 Berlin
essenwieimrestaurant.de

Horst Bahlmann GmbH Fleischgroßhandel
Brunsbütteler Damm 68/70
13581 Berlin

Beisser GmbH & Co. KG
Eppendorfer Baum 4
20249 Hamburg
beisser-hamburg.de

Ulrich Stapff Geflügelhandels-GmbH
Rondeel 4
22926 Ahrensburg
stapff-feinkost.de

Koch Laden
Bahnhofstraße 25/ Elsedamm 2
32257 Bünde

Kleinemas Fleischwaren
Industriestraße 35
33415 Verl

Fleischwaren Blumberg GmbH
Stahlschmidtsbrücke 11
42499 Hückeswagen

Fleischerei Oesterwind
Aktienstraße 308
45473 Mülheim

Metzgerei L. Bellendorf
Schulstraße 8
46286 Lembeck

Metzgerei Simon-Berns GmbH
Friedrich-Wilhelm-Platz 2
47051 Duisburg

Holz Roeren GmbH
Mevissenstraße 62
47803 Krefeld

Fleischerei Laschke
Bahnhofstraße 25
48619 Hek

Die Fleischboutique
Wichterichstraße 6–8
50937 Köln

Grillgoods
Buchholzstraße 105
51469 Bergisch Gladbach

Fleischerei Gerrards GmbH
Hartmannstraße 16
52602 Aachen

Grillforum Valentin
Rheinallee 187
55120 Mainz
grillforum-valentin.de

Landmetzgerei Dobroschke GmbH
Rheinhessenstraße 50
55411 Bingen

Niesmann Caravaning
Kehrstraße 51
56751 Polch

Fleischerei & Partyservice Rafalcik
Schillerstraße 1
58730 Fröndenberg

Metzgerei Hoos GmbH
Berger Straße 56
60316 Frankfurt

ruoff-küchen+wohnen
Hospitalstraße 9
65929 Frankfurt

Fleischboutique Mannheim Gastro Plan GmbH
P6, 25
(Plankenhofpassage)
68161 Mannheim

Metzgerei Kübler GmbH & Co. KG
Zeppelinstraße 18
71332 Waiblingen

The Meat Club GmbH
Strümpfelbacher Straße 21
71384 Weinstadt

Feinkost-Metzgerei & Küche Truffner GmbH
Wilhelmstraße 80
72074 Tübingen
truffner.de

DER HOLZAPFEL
Bahnhofstraße 1
72116 Mössingen

cooking concept
Lindenstraße 31–33
72764 Reutlingen

Metzgerei Weingärtner
Holzheimer Straße 10
73054 Eislingen/Fils

GrillGott GmbH
Löwensteiner Straße 60
74182 Obersulm-Willsbach
grillgott.com

Gartenwelt Bumb GmbH
Windeckstraße 8
76135 Karlsruhe

PROHOGA Ortenau GmbH & Co. KG
Gewerbestraße 11
77749 Hohberg

PROHOGA GmbH & Co. KG
Salinenstraße 56
78054 Villingen-Schwenningen

Kaltenbach GmbH
Brandhof 12
79227 Schallstadt

Target Plus
Muthmannstraße 1
80939 München

Gartencenter Seebauer
Ottobrunner Straße 61
81737 München

lebensart ... alles Küche
Marcus Fußstetter
Kirchhofplatz 9
83512 Wasserburg am Inn
fussstetterkueche.de

Walter Wiedemann Fleischereibedarfs GmbH & Co. KG
Proviantbachstraße 3
86153 Augsburg
wiedemann-augsburg.de

Metzgerei Peter Happacher
Gentnerstraße 79
86161 Augsburg
metzgerei-happacher.com

Metzgerei Settele GbR
Haferstraße 2
86179 Augsburg

Grill-Master-Chief
Wellenburg 10
86199 Augsburg/ Wellenburg
grillmasterchief.de

Metzgerei Maischberger
Angerstraße 1
86807 Buchloe

Metzgerei Moser GmbH
Katharinenstraße 39
86899 Landsberg

Hofgut Ratzenberg
Sedanstraße 57
88161 Lindenberg im Allgäu

Kräuterhaus Wurzelsepp OHG
Hauptmarkt 1
90403 Nürnberg
wurzelsepp-nuernberg.de

Landgasthof Höfener Garten
Höfener Straße 184
90431 Nürnberg

Eventcatering & STOI
Schergengrub 3
94371 Rattenberg

Westernrestaurant LASSO
Arnstädter Straße 93
99310 Holzhausen
1a-lasso.de

ÖSTERREICH

Feinkost Fleischerei Stefan Auernig
Wiener Bundesstraße 16
A-5300 Hallwang

zumKochen
Theodor-Körner-Straße 37
A-8010 Graz

SCHWEIZ

The BEEF Steakhouse & Bar
Kramgasse 74
CH-3011 Bern

Hansruedi Meier Zentrum Metzg
Dohlenzelgstraße 3
CH-5210 Windisch

Köferli AG Fleisch und mehr
Hauptstraße 37
CH-5312 Döttingen
metzgereikoeferli.ch

O. Braunwalder AG
Schützenmattweg 37
CH-5610 Wohlen

scherrerscharf.ch
Marktgasse 36
CH-8180 Bülach

Hotz Fleisch Wurst Traiteur AG
Zürichstraße 8
CH-8610 Uster

Foto Sereinig
Dorfstraße 15
CH-8700 Küsnacht

Metzgerei Weber
Kantonstraße 102
CH-8863 Schübelbach

LIECHTENSTEIN

Ospelt Catering AG
Landstraße 15
FL-9494 Schaan

FILETS VON DER ENTENBRUST MIT LEBERFÜLLUNG

Sie suchen die Liebe fürs Leben? Dies ist Ihr Spieß! Seine Botschaft: „Ich will jemanden für was Längeres."

Rezept: S. 84

Zärtliche Drehmomente

JEDER SUCHT NACH LIEBE. ALSO MACHEN WIR SPIESSE, SO UNWIDERSTEHLICH WIE AMORS PFEIL: RIND, SCHWEIN UND SCHAF, INNEN WURST, AUSSEN BACON. DANACH FRAGEN SIE ALLE NUR NOCH DAS EINE: WILLST DU MIT MIR DREH'N?

Fotos: **KLAUS ARRAS** *Rezepte:* **STEFAN BLICK** *Foodstyling:* **KATJA BRIOL**

SECHS DREHSPIESSE FÜR JEDEN TYP

Liebe auf Rezept
Wählen Sie auf den Folgeseiten den Spieß, der zu Ihnen passt. Drehen Sie auf und lassen Sie sich anbeten!

SPANISCHER ZWIEBELFLEISCHSPIESS

Für Draufgänger. Message: „Hey, schau mich an: Bin ich nicht der Burner? Ich dreh' auf Dich!"

Rezept: S. 84

OCHSEN-ENTRECÔTE MIT FEURIGEM RUB

Für Ehrliche: „Ich weiß es ja, ich hab' ein paar Pfunde zu viel. Dafür bin ich ein Typ zum Anlehnen!"

Rezept: S. 84

SCHAFSKEULE NACH GRIECHISCHER ART

Für Heiratswillige. Zwiebeln und extra Knoblauch signalisieren: „Ich werde der Einzige für Dich sein!“

Rezept: S. 86

GEGRILLTER ROLLBRATEN VOM FLANK STEAK
Für SUV-Fahrer. Botschaft: „Bei mir bist Du sicher. Sogar mein Braten ist mit Küchengarn angeschnallt!“
Rezept: S. 86

BALÕNES IBÉRICOS „DE LUXE“

Für Männer mit Kinderwunsch: „Ich wäre gern bald zu dritt mit Dir – wickeln kann ich schon!“

Rezept: S. 86

FILETS VON DER ENTENBRUST MIT LEBERFÜLLUNG

ZUTATEN für 4 Portionen

200 g rote Zwiebeln
2 EL Olivenöl
40 g brauner Zucker
½ Peperonischote, 60 ml Rotwein
1–2 TL Weißweinessig
3 Gewürznelken
80 g Entenleber
1 TL Butter
4 Entenbrustfilets (mit Haut; à ca. 375 g)
1½ Bio-Orangen
4 Zweige Rosmarin

1. Für die Füllung die Zwiebeln schälen und in feine Streifen schneiden. In einem kleinen Topf das Olivenöl und Zucker erhitzen, bis der Zucker karamellisiert.
2. Peperoni putzen und fein schneiden. Peperoni und Zwiebelstreifen unter den Karamell rühren. Alles kurz anrösten. Mit Rotwein und Essig ablöschen. Gewürznelken dazugeben und die Flüssigkeit fast vollständig einkochen. Abkühlen lassen.
3. Leber parieren, kalt waschen und gründlich trocken tupfen. Butter in einer Pfanne erhitzen, die Leber darin braten. Abkühlen lassen. Gewürznelken aus der Zwiebelreduktion entfernen. Reduktion und Leber fein pürieren.
4. Entenbrustfilets parieren, waschen, trocken tupfen und die Haut jeweils 4–5-mal schräg fein einschneiden. In die Entenbrustfilets jeweils waagerecht eine tiefe Tasche einschneiden. Die Leberfüllung hineingeben. Öffnung mit Zahnstochern sorgfältig verschließen.
5. Einen Grill mit Drehvorrichtung und Rotisserie-Korb auf mittlere Temperatur (180–200 Grad) vorheizen. Orangen heiß waschen, trocken reiben und in Scheiben schneiden. Gefüllte Filets, Rosmarin und Orangenscheiben in den Grillkorb geben. Einen Funk-Kerntemperaturmesser in ein Filet stechen. Den Rotisserie-Korb über dem heißen Grill platzieren. Entenbrüste bis zu einer Kerntemperatur von ca. 65 Grad grillen.

Zubereitungszeit: ca. 30 Minuten (plus Grillzeit)

SPANISCHER ZWIEBELFLEISCHSPIESS

ZUTATEN für 4–5 Portionen

1 kg Ibérico-Pluma (Rückendeckel)
2 Gemüsezwiebeln
2 EL Tomatenketchup
4 EL Ajvar (Paprika-Gemüse-Mischung)
1 EL Chiliflocken
1 EL milder Himbeeressig
2 EL trockener Rotwein, Meersalz
6 Pimientos de Padrón (Bratpaprika)

1. Fleisch kalt waschen, trocken tupfen und parieren. Sofern nötig, die Fleischstücke gleichmäßig flach aufschneiden.
2. Die Zwiebeln schälen, grob schneiden und anschließend mit den Händen kräftig auspressen. Mit Ketchup, Ajvar, Chiliflocken, Essig, Rotwein und etwas Salz in einer Auflaufform vermengen. Die Pluma-Stücke untermischen und kräftig durchkneten. Zugedeckt über Nacht im Kühlschrank ziehen lassen.
3. Am folgenden Tag einen Grill mit Drehvorrichtung auf mittlere Temperatur (180–200 Grad) vorheizen. Die Pimientos waschen, trocken tupfen. Das Fleisch wellenartig auf den Spieß aufziehen, dabei nach und die Pimientos dazwischenstecken. Einen Funk-Kerntemperaturmesser ins Fleisch stechen und den Spieß in die Drehvorrichtung einhängen. Fleisch auf dem heißen Grill bis zu einer Kerntemperatur von 63–65 Grad garen.

Zubereitungszeit: ca. 30 Minuten (plus ca. 8 Stunden Marinier- und Grillzeit)

OCHSEN-ENTRECÔTE MIT FEURIGEM RUB

ZUTATEN für ca. 10 Portionen

2,8 kg Ochsen-Entrecôte am Stück
2–3 EL Meersalz
3 EL schwarzer Pfeffer aus der Mühle
1 TL Cayennepfeffer
1½ EL granuliertes Knoblauchpulver
1 EL Rohrohrzucker
3 EL Dijon-Senf

1. Entrecôte trocken tupfen. Salz, Pfeffer, Cayennepfeffer, Knoblauchpulver und Zucker zu einer Würzmischung mörsern. Das Fleisch mit dem Senf dünn einpinseln und mit der Würzmischung gleichmäßig bestreuen. Den Würzmix gründlich einmassieren.
2. Einen Grill mit Drehvorrichtung auf mittlere Temperatur (180–200 Grad) vorheizen. Das Entrecôte auf den Drehspieß schieben, mit den Fleischklammern fixieren. Ein Funk-Fleischthermometer ins Fleisch stecken. Entrecôte bis zu einer Kerntemperatur von 55–59 Grad grillen.

Zubereitungszeit: ca. 15 Minuten (plus Grillzeit)

Spießer-Tipps

FLEISCH FÜR KENNER: VOM OCHSEN
Ihr Metzger bietet auch Fleisch von Ochsen an? Unbedingt zugreifen! Die Tiere grasen deutlich länger bis zur Schlachtreife als klassische Mastbullen. Gereift, abgehangen ist ihr Fleisch genial kernig, perfekt zum Grillen.

VOM SCHAF
Schaffleisch (von Schlachttieren über 1 Jahr) überzeugt mit feinem arteigenen Geschmack und kerniger Textur. Beim Grillen wird intramuskuläres Fett zart geschmolzen, durchzieht das Fleisch und gibt perfektes Aroma.

SCHAFSKEULE NACH GRIECHISCHER ART

ZUTATEN für 8–10 Portionen

ca. 2,5 kg ausgelöste Schafskeule (vom Metzger flach aufschneiden lassen)
1 Bund Koriander
1 Bund Petersilie
6 Knoblauchzehen
200 g griechischer Joghurt
1 EL Meersalz
1 EL schwarzer Pfeffer aus der Mühle
2 große rote Zwiebeln

Außerdem: großer, lebensmittelgeeigneter Kunststoffbeutel

1. Das Fleisch kalt waschen und gründlich trocken tupfen. Kräuter waschen, trocken schütteln und fein hacken. Die Knoblauchzehen schälen und klein hacken. Joghurt, Kräuter und Knoblauch vermengen und mit Salz und Pfeffer würzen.
2. Die Schafskeule mit der Marinade einreiben, in einen großen lebensmittelgeeigneten Kunststoffbeutel geben, die Luft ausdrücken. Über Nacht im Kühlschrank marinieren.
3. Am folgenden Tag das Fleisch etwa 2 Stunden vor der Zubereitung aus dem Kühlschrank nehmen. Grill mit Drehspießvorrichtung auf mittlere Temperatur (180–200 Grad) erhitzen. Zwiebeln schälen und halbieren. Fleisch auf den Drehspieß schieben, dabei die Zwiebelhälften mit dazwischenschieben. Ein Funk-Kernthermometer in das Fleisch stechen. Drehspieß in die Drehvorrichtung einhängen, Motor starten. Fleisch bis zu einer Kerntemperatur von ca. 60 Grad grillen.

Zubereitungszeit: ca. 20 Minuten (plus ca. 8 Stunden Marinier- und Grillzeit)

GEGRILLTER ROLLBRATEN VOM FLANK STEAK

ZUTATEN für 4 Portionen

1,2 kg Flank Steak vom Black Angus
200 g Schafskäse
100 g geräucherter Thunfisch (im eigenen Saft; Dose)
60 ml Kalbsfond (selbst gekocht oder aus dem Glas)
1 TL Chimichurri-Sauce (aus der Flasche)
schwarzer Pfeffer aus der Mühle
Meersalz
einige Stiele glatte Petersilie
100 g Bresaola (hauchfein geschnitten)
1 EL Olivenöl

Außerdem: gewässertes Küchengarn

1. Das Flank Steak parieren und dann waagerecht, bis auf ein 2-cm-Stück flach auf-, aber nicht ganz durchschneiden. Das Fleischstück aufklappen und mittleres, noch zusammenhängendes Stück mit Fleischklopfer gleichmäßig plattieren.
2. Für die Füllung Schafskäse in einer Schüssel mit einer Gabel zerdrücken. Thunfisch abtropfen lassen. Mit Kalbsfond und Chimichurri gründlich unter den Käse mengen. Mit Pfeffer und eventuell noch etwas Salz würzen.
3. Einen Grill mit Drehvorrichtung auf mittlere Temperatur (180–200 Grad) vorheizen. Petersilie waschen, trocken schütteln und die Blätter abzupfen. Die Petersilie auf dem Fleisch verteilen, Bresaola darauflegen und mit der Creme bestreichen. Fleisch von der Längsseite her aufrollen, mit Küchengarn umwickeln und auf den Drehspieß schieben.
4. Den Rollbraten mit Olivenöl bestreichen, die Fleischklammern fest am Rollbraten fixieren und einen Funk-Kerntemperaturmesser einstechen. Den Rollbraten auf dem heißen Grill bis zu einer Kerntemperatur von ca. 55 Grad garen.

Zubereitungszeit: ca. 30 Minuten (plus Grillzeit)

BALÒNES IBÉRICOS „DE LUXE“

ZUTATEN für 5–6 Portionen

300 g Ibérico Secreto
150 g Schinken vom mit Eicheln gefütterten Ibérico-Schwein (Jamón Ibérico de Bellota)
300 g Schweinehackfleisch
300 g Rinderhackfleisch
2 TL Meersalz
1 TL Gewürzsalz mit Chipotle-Chili
1 TL Chilipulver
1/2 TL granuliertes Knoblauchpulver
1 TL schwarzer Pfeffer aus der Mühle
120 g Bacon in Scheiben
1 große frische Knoblauchknolle

1. Das gut gekühlte Fleisch parieren, in Streifen schneiden und durch die mittlere Scheibe des Fleischwolfs drehen. Schinken sehr fein hacken und mit dem gesamten Hackfleisch in eine Schüssel geben. Gewürze zufügen und alles gründlich glatt verkneten. Aus der Hackmischung 3–4 gleich große Kugeln/Balònes formen und mit Bacon-Scheiben umwickeln, gegebenenfalls mit kleinen Holzspießen feststecken.
2. Einen Grill mit Drehvorrichtung auf mittlere Temperatur (180–200 Grad) aufheizen. Knoblauchknolle waagerecht halbieren. Knoblauch und Balònes im Wechsel auf den Drehspieß stecken und mit den Fleischklammern fixieren. Einen Funk-Kerntemperaturmesser in einen der Balònes einstechen. Die Balònes auf dem heißen Grill bis zu einer Kerntemperatur von 60–65 Grad grillen.

Zubereitungszeit: ca. 30 Minuten (plus Grillzeit)

FOTOS: KLAUS ARRAS; REZEPTE: STEFAN BLICK; FOODSTYLING: KATJA BRIOL; PRODUKTION: MONIQUE DRESSEL/ALLE FÜR BEEF!; WIR FOTOGRAFIERTEN AUF EINEM WEBER GENESIS® II EP-335 GBS MIT PASSENDEM DREHSPIESS

DER KRIEG UM DIE SEEGURKE

FOTOS: MAURICIO PALOS *TEXT:* ANDRZEJ RYBAK

In Asien blättert man für ein Kilo oft Tausende Dollar hin. Und so lösten die Seegurken in Yucatán einen wahren Goldrausch aus – bei den Fischern, aber auch unter Banditen und der Mafia. Report eines lebensgefährlichen Irrsinns

Von wegen kleine Brötchen: In chinesischen Restaurants werden Seegurken als Delikatesse serviert, die bis zu 100 Dollar kosten kann

D

Der kleine Einzylinder, der den Kompressor antreibt, will nicht anspringen. Immer wieder zieht Alex an dem Startseil, doch der Motor stottert nur kurz und geht sofort wieder aus. „Hoffentlich passiert das nicht, wenn ich auf dem Meeresboden bin", scherzt der Fischer. Er trägt einen Chin Puff, der ihm eine gewisse Coolness verleiht. Schließlich dreht er die Zündkerze heraus, säubert sie - und der Kompressor springt an.

Sein Kumpel Diego, der das Boot steuert, checkt mit dem GPS die Position. Die Küste ist etwa 20 Kilometer entfernt. „Wir sind gleich da", ruft er Alex zu. Die Männer kontrollieren den Druckbehälter und den Luftschlauch, an dessen Ende ein Atemregler befestigt ist. „Dieser Schlauch ist meine Lebensleine", sagt Alex und legt sich einen Gurt mit zwei Bleigewichten an. Er putzt das Glas seiner Taucherbrille, zieht die Flossen an, bekreuzigt sich und springt ins Wasser.

Alex und Diego wollen nicht mit vollen Namen genannt werden. Sie sind „Pepineros", sie tauchen vor der mexikanischen Halbinsel Yucatán nach Seegurken. Das ist verboten, denn die hier vorkommenden Arten Vallenato (Isostichopus badionotus) und Lapis (Holothuria floridana) sind vom Aussterben bedroht. Das Gesetz sieht Strafen zwischen 500 Dollar und sieben Jahren Gefängnis für Wilderei vor. Doch das Geschäft mit Seegurken wirft hohe Gewinne ab. Es wird von organisierten Banden mit besten Verbindungen in die Politik kontrolliert und die Behörden sehen über Verbote hinweg.

Alex ist schnell. Mit nur wenigen Flossenschlägen erreicht er den Meeresgrund in knapp 20 Meter Tiefe, schwimmt etwa zwei Meter über dem sandigen Boden und hält nach den Seegurken Ausschau. Die sind etwa 40 bis 50 Zentimeter lang und meist braun mit helleren Punkten auf dem Rücken oder beige und dunkelbraun gesprenkelt. Die Sicht in der Tiefe ist schlecht, die letzten Stürme haben viel Sand und Mikroorganismen aufgewirbelt. Doch Alex hat geübte Augen, immer wieder entdeckt er die wurstförmigen Tiere zwischen grünen Algenbüschen und porösen Korallenfelsen, hebt sie auf und verstaut sie in dem Plastiksack, der an seinem Arm hängt.

Noch vor 13 Jahren fischte auf Yucatán niemand nach Seegurken. Die wenig glamourösen Kreaturen, Verwandte der Seesterne und Seeigel, krochen mit ihren Tentakelfüßen über den Meeresboden und kauten ungestört an Algen und Plankton. Das änderte sich 2007, als chinesische Geschäftsleute in Yucatán auftauchten - und den Fischern viel Geld für die Seegurken boten.

In China gelten Seegurken seit Jahrhunderten als Delikatesse, die zudem bei Arthritis hilft und aphrodisierend wirken soll. Das Fleisch der Seegurke hat die Konsistenz einer Meeresschnecke, der Geschmack ist mild, manchmal leicht süßlich. Gern werden sie in Suppe gekocht oder hauchdünn geschnitten und frittiert. In Hongkong werden getrocknete Seegurken je nach Spezis für 1000 bis 3000 Dollar pro Kilo verkauft.

Als Erstes stachen die einheimischen Fischer aus Sisal und Progreso in See, um die Seegurken für die Chinesen zu fangen. Doch die Kunde von der Goldader, die vor der Küste Yucatáns lag, breitete sich in Windeseile aus. Rasch schlossen sich Boote aus den benachbarten Bundesstaaten Tabasco, Campeche und Quintana Roo der Jagd an.

„Noch vor fünf Jahren sammelten wir in drei bis vier Stunden 400 bis 500 Kilo", sagt Diego. Manchmal machten sie sogar zwei Touren pro Tag. „Heute fahren wir 30 Kilometer weit, tauchen bis zu 30 Meter tief und die Ausbeute ist dürftig."

Alex und Diego stammen aus Dzilam de Bravo, einem kleinen Fischerdorf am Rande eines weitläufigen Mangrovengebiets. Rund 500 Fischerboote gibt es im Dorf, die meisten liegen im Hafen, der hinter dem Strand in einer Lagune versteckt ist. Fischerei ist hier die einzige Möglichkeit, um eine Familie zu ernähren. „Früher fingen wir Fische und

Von oben sehr idyllisch: Das Dorf Dzilam de Bravo liegt etwas über 100 Kilometer nordöstlich von Mérida. Die einzige Einnahmequelle ist der Golf von Mexiko

Langusten“, sagt Alex. „Das Leben war hart, wer sich einen Fernseher leisten konnte, galt schon als reich.“

Vor zwölf Jahren verschlechterte sich ihre Lage noch einmal gewaltig, weil Dzilam de Bravo eine Invasion von giftigen Algen erlebte, die das Meerwasser blutrot färbten. Die „Marea roja“ tötete viele Fische, Hunger drohte. Zum Glück kamen die Chinesen - und lösten den Seegurken-Boom aus, die sich dank der Algen schlagartig vermehrten. „Gott hatte Erbarmen mit uns“, sagt Alex, „er schickte uns die Seegurken und sorgte dafür, dass wir sie verkaufen konnten.“

Die Fischer bauten neue moderne Häuser mit Bädern und fließendem Wasser, legten sich Motorräder und Autos zu. „Jeder von uns brachte täglich 200 bis 300 Dollar nach Hause“, schwärmt Diego. „Zuvor haben wir vielleicht 100 Dollar in einem Monat verdient.“

Der Traum von Reichtum zog wie jeder Goldrausch Fremde an, Abenteurer, dubiose Geschäftsleute und Banditen aus anderen Landesteilen. In Dzilam de Bravo öffneten wöchentlich neue Spelunken und Bordelle. Eine Schar von Prostituierten versuchte, den Fischern ihr leicht verdientes Geld aus der Tasche zu ziehen, Schlägereien und Schießereien waren an der Tagesordnung. Dazu heizten Alkohol und Drogen die Konflikte an. Dabei ging es vor allem um Tauchgründe, die einheimischen Fischer versuchten, die fremden Boote zu vertreiben. Die Fremden bewaffneten sich und schlugen zurück: Mehrere Menschen wurden getötet, Dutzende Boote verbrannt. Die Banditen überfielen regelmäßig Boote, um die Seegurkenladung zu stehlen, die bis zu 10 000 Dollar wert war. Hin und wieder wurden Fischer gekidnappt, um Lösegeld zu erpressen.

Die Regierung war nicht in der Lage, den Konflikten ein Ende zu setzen. Das große Geld zog Verbrechenssyndikate an, die die Kontrolle über den Verkauf von Seegurken an sich rissen - und die großen Gewinne einstrichen. Bis heute wird das Seegurkengeschäft von drei oder vier Geschäftsleuten mit Mafia-Verbindungen kontrolliert. Jeder weiß, wer sie sind, doch alle haben Angst, »

1

sie beim Namen zu nennen. „Es war eine verrückte Zeit“, sagt Diego. Und Wehmut schwingt in seiner Stimme mit. Einige seiner Freunde, die von Anfang an dabei waren, wurden damals ziemlich reich. Wie Cholo, der sich eine große Villa am Ortseingang baute. Dann kidnappte jemand seinen Sohn. Cholo zahlte das Lösegeld und zog mit seiner Familie weg.

Alex stieß erst vor fünf Jahren zu den Tauchern, damals war der große Rausch schon beinahe vorbei, weil das Meer vor Yucatán in weniger als zehn Jahren fast leer gefischt war. Heute beträgt die Ausbeute pro Boot und Tag nur noch 30 bis 50 Kilo. Der Seegurkenpreis hat sich zwar auf 120 Pesos versechsfacht, das sind etwa sieben Dollar, aber nach Abzug der Benzinkosten – die wegen der langen Strecken stark gestiegen sind – bleiben vielleicht 30 Dollar pro Mann. Reich wird man damit nicht.

Alex ist bereits seit zweieinhalb Stunden auf dem Meeresboden, Diego kreuzt mit dem Boot hin und her. Er hält die Hand immer auf dem Luftschlauch, um dessen Bewegung zu spüren. Durch Ziehen lässt ihn der Taucher wissen, wenn er aufsteigen will oder wenn sein Seegurkensack voll ist und entleert werden soll. Die beiden Männer arbeiten immer zusammen. „Man muss seinem Partner völlig vertrauen, der Job ist gefährlich“, sagt Diego. „Manchmal versagt der Kompressor oder der Luftschlauch verknotet sich, dann muss der Bootsführer sofort reagieren.“ Oft arbeiten die Taucher zu lange oder steigen zu schnell auf, bekommen die Dekompressionskrankheit, sind gelähmt oder kommen ums Leben. „In den letzten sechs Monaten hatten wir hier 175 Taucherunfälle“, sagt Doktor Juan Carlos Tec Tun, zuständig für die Dekompressionskammer im Krankenhaus in Tizimín. „Drei Taucher konnten wir nicht retten.“

Irgendwann taucht Alex auf, sein Sack ist halb voll, außerdem hat er auch ein paar Fische für seine Familie harpuniert. Die beiden Fischer nehmen die Seegurken sofort aus, die Tiere verderben schnell. Alex schneidet sie an der Unterseite auf und reißt ihnen mit ei- »

1 In ungefähr 20 Metern Tiefe suchen die Fischer nach den Seegurken. Die Arbeit ist mehr als gefährlich, tödliche Unfälle sind hier an der Tagesordnung

2 Sonderlich attraktiv sind Seegurken nicht, allerdings lässt ihre Form vermuten, dass sie potenzförderlich sein könnten. Ein Todesurteil für jede Gattung

2

1

2

1 Vom Meer aus werden die Seegurken sofort in ein geheimes Camp gebracht, wo die Tiere gewogen, bezahlt und weiter verarbeitet werden

2 Nachdem sie mindestens eine Stunde gekocht wurden, legt man die Seegurken 16 bis 24 Stunden in Salz ein, um ihnen den letzten Rest Feuchtigkeit zu entziehen

3 Nach dem Kochvorgang können die Seegurken auch tiefgefroren verkauft werden. Ein Kilo kostet etwa 60 Euro – das ist in Yucatán sehr viel Geld

ner geübten Bewegung die Gedärme heraus. Dann packen sie die Seegurken in eine große Kiste mit Eis, um sie vor Sonne und Hitze zu schützen.

Die Fischer wechseln sich ab, insgesamt absolviert jeder zwei Tauchgänge. Am späten Nachmittag kehren die beiden zum Ufer zurück und steuern einen „Sancochero“ an, ein in den Mangroven verstecktes Camp, in dem die Seegurken verarbeitet werden. Es ist nur vom Meer aus erreichbar, drei Fischerboote sind am Ufer vertäut. Alex und Diego bringen ihren Fang an Land, dort werden die Seegurken zuerst gewogen, sofort danach zahlt Sancochero-Chef Ricardo die Fischer in bar aus.

Ricardo hat ein Halstuch über Mund und Nase gezogen, er will nicht erkannt werden. „Unsere Patrons haben zwar gute Beziehungen in die Politik“, sagt der groß gewachsene, dunkelhäutige Mann, „doch ich möchte diese Leute nicht unnötig provozieren.“

Hinter dichtem Buschwerk kocht Meerwasser in einem riesigen Kessel, statt Feuerholz benutzt Ricardo Butangas. Rund 100 Kilo Seegurken schwimmen in dem heißen Wasser. „Sie müssen mindestens eine Stunde auf großer Flamme gekocht werden – bis sie klein und hart werden“, sagt Ricardo. Immer wieder rührt er im Kessel, schöpft den Schaum ab, der sich auf der Oberfläche bildet und kontrolliert die Konsistenz.

Nachdem die Seegurken über 80 Prozent ihres Gewichts verloren haben, fischt Ricardo sie mit einem Metallnetz aus dem Wasser, sein Helfer Alfonso legt sie in einem Plastikfass in Salz ein. Das Salz entzieht den Gurken noch mehr Feuchtigkeit. In dem Fass bleiben sie etwa 16 bis 24 Stunden, danach werden sie in Süßwasser gewaschen.

„Manche unserer Abnehmer exportieren die Seegurken nach nur einem Kochvorgang tiefgefroren“, sagt Ricardo. Für ein Kilo zahlen die Käufer dann rund 1200 Peso – 60 Euro. „Andere wollen sie lieber getrocknet haben, dafür müssen sie ein zweites Mal gekocht und acht Tage in der Sonne getrocknet werden.“ Die „Pepino seco“ können fünf Jahre an einem trockenen Ort aufbewahrt wer- »

3

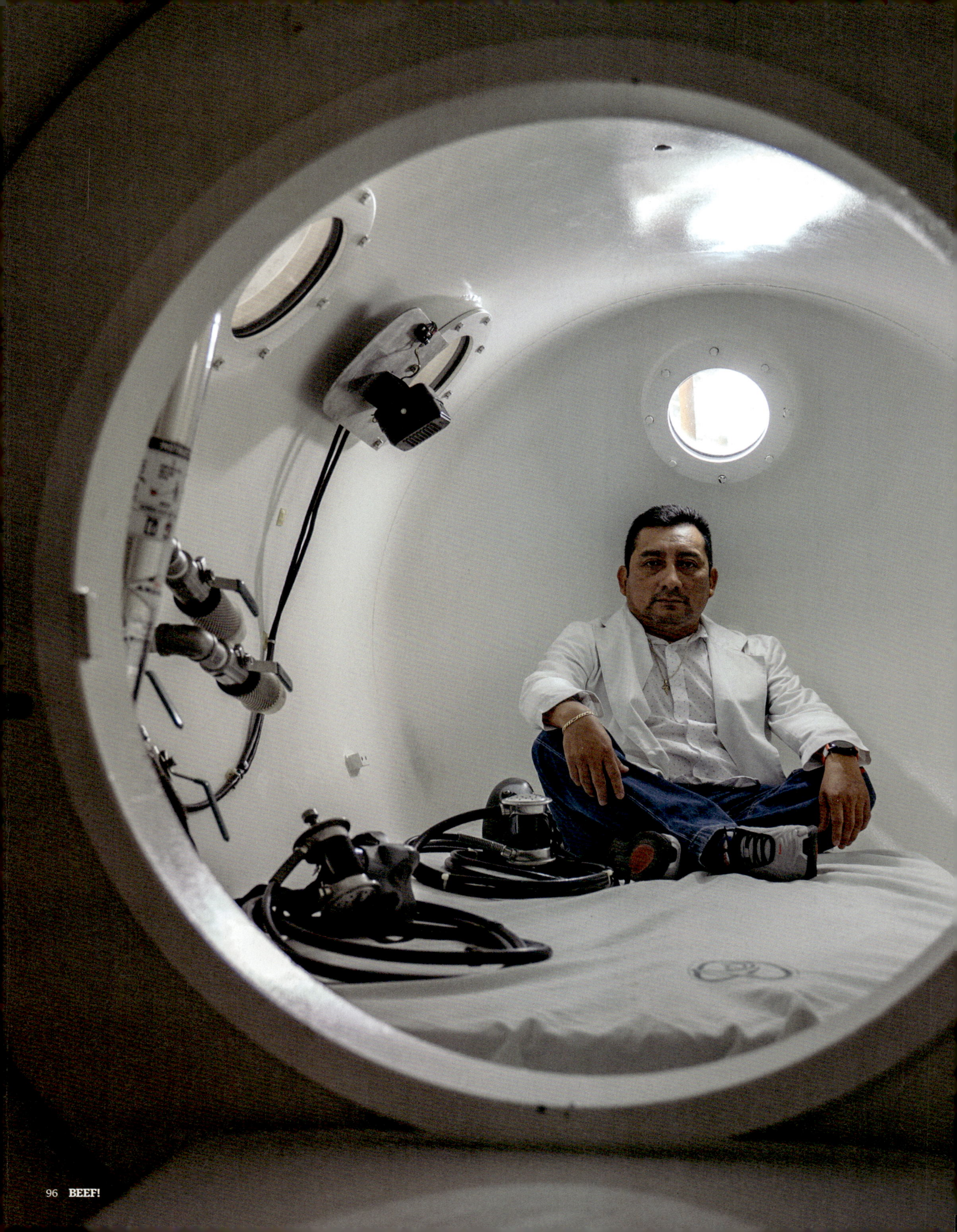

Der Arzt Juan Carlos Tec Tun in seiner Dekompressionskammer in einer Klinik in Tizimín. Dort werden die Fischer behandelt, die es nach Tauchunfällen zumindest wieder auf das Boot geschafft haben

FOTOS: MAURICIO PALOS FÜR BEEF!

den, das Kilo kostet dann 80 Euro. Während des Booms gab es in dem Mangrovenwald vor Dzilam de Bravo etwa 15 Sancocheros, die oft rund um die Uhr arbeiteten. Heute sind es vier. „Wir hatten damals sechs Kessel in Betrieb", sagt Ricardo. „Heute reicht einer."

Ricardo weiß, dass die Seegurken bald endgültig verschwinden könnten. „Was wir hier machen, finde ich nicht richtig", sagt er leise. „Wenn wir aber nicht fischen, tun es die Leute aus dem Nachbardorf. Wer die Verbote respektiert und Schutzzeiten einhält, ist der Dumme."

Wer offiziell nach Seegurken taucht, braucht eine Fanglizenz. Die Nationale Kommission für Aquakultur und Fischerei (Conapesca) gab 2018 nur 594 Lizenzen aus – bei 10 000 registrierten Fischern in Yucatán. 2019 war der Seegurkenfang das ganze Jahr verboten, allerdings schert sich niemand darum. „Wir wissen, dass die Fischer weiter nach Seegurken tauchen", sagt David Cervera, Büroleiter von Conapesca in der Hafenstadt Progreso. „Nur verhindern können wir es nicht."

Seit Jahren wird die Seegurkenpopulation vor Yucatán von Wissenschaftlern des Nationalen Fischereiinstituts untersucht. Sie legen die Quoten fest, die Conapesca an die Fischer vergibt. „2013 gab es etwa 27 000 Tonnen Seegurken in den Gewässern von Yucatán, heute liegen unsere Schätzungen bei nur noch 2500 bis 3000 Tonnen", sagt Alicia Poot-Salazar. Sie ist die Leiterin des El Instituto Nacional de Pesca in Mérida und Seegurkenexpertin. „Nur ein absolutes Fangverbot könnte das Überleben sichern". Die Forscherin weiß, dass es sinnlos ist, jedem Fischerboot nachzujagen. „Wir müssten gegen die Käufer und Exporteure vorgehen, die Kontrolleure bestechen und Genehmigungen kaufen", sagt die Wissenschaftlerin. „Wir werden auch die Aufklärungsarbeit mit den Fischern verstärken."

Die Frage ist, welche Funktion die Seegurken überhaupt haben. Wissenschaftler vermuten, dass ein Aussterben den Algenwuchs fördert und die Fischpopulation dezimiert. Dazu filtern Seegurken das Wasser und zersetzen organisches Material auf dem Boden, darunter tote Algen und schädliche Ausscheidungen anderer Organismen. Verringertes Nährstoffrecycling könnte auch zum Artensterben auf dem Meeresboden führen.

Ein Ausweg wäre die Zucht in Aquakulturen. In China wird so bereits ein Viertel des Bedarfs gedeckt. „Unternehmen könnten damit viel Geld verdienen", sagt Poot-Salazar. „Der Staat muss aber die bürokratischen Hürden abschaffen und die Fischer kompensieren, die das Meer als Gemeingut betrachten."

Zumindest das Know-how für die Farmen ist bereits vorhanden. Seit Jahren experimentiert der Meeresbiologe Miguel Olvera erfolgreich mit Seegurkenzucht in Telchac Puerto, das nur 60 Kilometer von Dzilam de Bravo entfernt liegt. Für eine kommerzielle Farm sind aber private Investoren notwendig – und die Leute haben Angst.

Allerdings haben die Syndikate bereits einen Weg gefunden, um die schrumpfenden Fangmengen in Mexiko zu kompensieren. Sie schicken Fischer aus Yucatán nach Nicaragua, wo es noch viele Seegurken gibt. Die Mexikaner bringen der Bevölkerung die Tauchtechniken bei und zeigen, wie sie die Seegurken konservieren. Von Nicaragua aus werden die Seegurken nach Mexiko geschmuggelt und nach China exportiert.

Dort lässt man die getrockneten Seegurken drei Tage im Wasser und Milch rehydrieren, bevor sie weiter verarbeitet werden. In chinesischen Restaurants gehören Seegurkenspezialitäten zu den teuersten Gerichten auf der Karte – sie kosten zwischen 50 und 100 Dollar. Ein Preis, den sich immer mehr Chinesen leisten können – und so die Ausrottung der Seegurken anheizen.

Von den weltweit 1500 Arten der Seegurken sind nur 70 essbar – aber davon sind schon 16 Arten vom Aussterben bedroht. Darunter auch Holothuria floridana, die im Meer vor Yucatán beinah verschwunden ist. „Nirgendwo auf der Welt wurde so schnell eine Art ausgerottet", schimpft Alicia Poot-Salazar. „Auf Yucatán brauchten wir nicht mal zehn Jahre, um dieser Kreatur den Todesstoß zu versetzen." B

ANZEIGE

BEEF!

MÄNNER KOCHEN ANDERS

Brandheiße Grillerlebnisse mit RÖSLE

Ab sofort sorgen klappbare Seitentische bei allen neuen VIDERO-S Modellen für verbesserte Flexibilität und mehr Platz. Auch das neue Vario+ Grillrostsystem überzeugt mit einer verbesserten Anordnung der Einsätze. Ein zusätzlicher Bonus ist die integrierte Schlauchbruchsicherung im Druckregler, die nun für mehr Sicherheit sorgt. Für Balkone und Terrassen mit wenig Platz sind die beliebten Gasgrill-Stationen jetzt auch im kleinen Format als 2-Brenner Modelle erhältlich. Was bei allen Modellen gleich bleibt, ist: die Leistung der kraftvollen Brenner, Seitenbrenner sowie die extraheiße Primezone – für den perfekten Grillspaß.

www.roesle.com
RÖSLE GmbH & Co. KG, Marktoberdorf

RÖSLE
SINCE 1888

Vintage Leder-Rolltasche und Schürze

Mit F. DICK stilvoll und sicher in der Küche. Die Lederschürze sowie die passende Rolltasche ergänzen perfekt das hochwertige Messer-Sortiment. Die beiden Produkte werden aus 100% Büffelleder, natürlich gegerbt, handgefertigt. Das geschmeidige Leder im Vintage-Stil und die farblich abgesetzten Logo-Applikationen veredeln den Look. Durch die Flexibilität des hochwertigen Leders passt sich die Schürze perfekt an den Körper an. Mit der praktischen Geschirrtuchschlaufe ist das Geschirrtuch und auch weiteres Werkzeug immer griffbereit. Die Rolltasche hat 5 Fächer, die individuell bestückt werden können.

www.dick.de

DICK
Traditionsmarke der Profis

ANZEIGE

PRIME TIME

Steaks in Steakhouse Qualität

GASTROBACK® DESIGN BBQ ADVANCED SMART – seine Mission: perfekte Steaks. Hinter der Programmauswahl „Steak medium" steht nichts weniger als saftiger Steakgenuss. Leicht über den Punkt gegrillt, saftig rot und im Kern minimal roh, zart ummantelt von kräftiger Kruste. Das Steakprogramm „medium" ist dabei nur eine von 4 Garstufen. Dank der automatischen Anpassung von Grillzeit an Fleischdicke grillt der Kontaktgrill Steaks mit optimalem Garpunkt. Programme für Geflügel, Burger, Wurst, Sandwich, Fisch und ein Programm mit individuell einstellbarer Grilltemperatur machen den Grill zum BBQ-Allrounder.

Video und weitere Infos auf: GASTROBACK®
www.gastroback.de

Markise im Großformat

Die „pergola stretch" von markilux ist Sonnen- und Wetterschutz in einem. Das Modell beeindruckt zudem mit XXL-Maßen. Zwischen 50 und 175 Quadtratmeter Fläche lassen sich mit ihr vor Wind und Wetter schützen. Zumal die wasserdichten Tücher dafür sorgen, dass man im Trockenen sitzt. Das Markisentuch wird in einer Art Baldachin über seitliche Schienen per Funkmotor aus- und eingefahren. Es lässt sich auch per Smartphone und Tablet steuern. LED-Licht, Wärmestrahler und Vertikalmarkisen garantieren dazu noch gemütliche Atmosphäre unter der Markise.

Weitere Infos unter markilux
markilux.com

DAS ANGSTREZEPT, FOLGE 1:
BLUTWURST

DIE BLUTPROBE

Es gibt Speisen, die wir lieben – aber deren Zubereitung wir fürchten. Siehe rechts. Stellen Sie sich Ihren Ängsten, metzgern Sie Blutwurst! In Teil 1 unserer neuen Serie erwarten Sie Blut, Schweiß – und am Ende Freudentränen

Fotos: ANDREAS REIMANN *Rezept & Foodstyling:* RAIK HOLST

Roter Alarm Viele werden bei diesem Anblick schwach vor Angst. Zwei Liter Blut gehören in eine Rotwurst. Wer sie einmal gemacht hat, wird zwar immer noch schwach – aber dann vor Hunger!

1 Schwarten garen Reichlich Wasser in einem Topf aufkochen. Die Schwartenstücke kalt abwaschen und ins kochende Wasser geben, zunächst etwa 3 Minuten abbrühen. Dann abgießen, kalt abspülen. Nochmals reichlich Wasser aufkochen. Die Schwarten darin bei mittlerer Hitze etwa 45 Minuten sehr weich garen.

2 Speck vorbereiten Den Rückenspeck gegebenenfalls kurz in den Tiefkühler legen, damit er fester ist und sich gut schneiden lässt. Das gut gekühlte Speckstück zunächst längs in ca. 1 cm breite Streifen schneiden, dann fein würfeln. Bis zur weiteren Verwendung kühl stellen.

5 Schwarten wolfen Damit sie besser in die Öffnung des Fleischwolfs passen, die heißen Schwarten in längliche Streifen schneiden. Schwarte durch die mittlere Scheibe des Fleischwolfs in eine große Schüssel wolfen. Speckstücke mit Kochmesser feiner hacken. Speck unter die Schwartenmasse mischen.

6 Wurstfülle mischen Gewürze, bis auf 2 Gewürznelken, fein mahlen. Majoran fein hacken. Gewürze, Majoran und Zimt unter die Schwartenmischung arbeiten. Nun das Blut unter ständigem Rühren zur noch heißen Schwartenmischung geben. Masse mit Salz und Muskat kräftig würzen.

3 Därme wässern Die eingelegten Därme vorab schon einmal entwirren. Dann in reichlich warmem Wasser gründlich durchspülen, abtropfen lassen. Anschließend bis zur weiteren Verwendung mindestens 30 Minuten in reichlich lauwarmem Wasser einweichen.

4 Rückenspeck brühen Fertig gegarte, weiche Schwarten aus dem Fond heben, abtropfen lassen und zugedeckt beiseitestellen. Vorbereitete Speckwürfel in ein großes Sieb geben und in den kochenden Schwartenfond hängen. Speckwürfel etwa 5 Minuten im Fond kochen. Speckwürfel dann abtropfen lassen.

7 Därme füllen Darm gründlich ausstreichen und ein Ende mit Küchengarn fest verknoten. Großen stabilen Spritzbeutel mit Fülltülle vorbereiten. Darm möglichst komplett auf die Fülltülle auffädeln. Das folgende Einfüllen der weichen Wurstmasse sollte möglichst zu zweit gehandhabt werden.

8 Würste abbinden Beutel mit Händen halten und am Ende zudrücken, dann Wurstmasse portionsweise einfüllen. Die Masse langsam in den Darm einpressen, dabei aber nicht zu prall einfüllen. Zweites Darmende ebenfalls fest abknoten. Etwa alle 15 cm Würste abdrehen und jeweils mit Küchengarn verknoten.

10

11

10/11 Würste brühen, ruhen lassen Zwiebel schälen und mit den übrigen Gewürznelken und dem Lorbeerblatt spicken. In einem großen Topf 5 l Wasser aufkochen, etwa 2 EL Salz zugeben. Das Wasser dann auf 78 Grad abkühlen lassen und die Temperatur konstant halten. Temperatur mit Thermometer kontrollieren, da bei zu starker Hitze die Wursthüllen platzen könnten. Die Würste im heißen Wasser etwa 35 Minuten brühen. Gebrühte Würste vorsichtig aus dem Sud heben, nebeneinander auf ein Blech geben und möglichst rasch abkühlen. Dann über Nacht im Kühlschrank durchkühlen und ruhen lassen.

12 Servierfertig braten Würste in wenig Öl bei sehr schwacher Hitze ca. 10 Minuten braten. Evtl. Kräuter (z. B. Thymian) dabei mit einlegen. Die Wurstfüllung wird zunächst wieder weicher, verfestigt sich dann, sodass die Wurst schnittfest wird. Nach Belieben mit Wasabi-Kartoffelpüree und Apfel-Chutney anrichten.

12

WERKZEUG

GROSSE TÖPFE | GROSSES KOCHFESTES SIEB
FLEISCHWOLF | KOCHMESSER | GROSSE SCHÜSSEL | MÖRSER
GROSSER SPRITZBEUTEL ODER FÜLLTRICHTER
WEITE FÜLLTÜLLE | KÜCHENGARN | PFANNE | GUTE NERVEN

ZUTATEN für etwa 20 Würste (à 15 cm)

600 g Schweineschwarte (küchenfertig vorbereitet)
800 g Rückenspeck vom Schwein (auch fetter oder grüner Speck genannt)
4–5 m Naturdarm vom Schwein (Kaliber 28/30)
1 EL Korianderkörner
4 Kardamomkapseln
10 Pimentkörner
10 Gewüznelken
1 EL schwarze Pfefferkörner
3 Stück Sternanis
1 Bund frischer Majoran
1 TL gemahlener Zimt
2 l schlachtfrisches Schweineblut (ggf. beim Metzger vorbestellen)
Meersalz
frisch geriebene Muskatnuss
1 Zwiebel
1 Lorbeerblatt
etwas Öl zum Braten
evtl. frischer Thymian

FOTOS: ANDREAS REIMANN/747 STUDIOS; REZEPT & FOODSTYLING: RAIK HOLST;
PRODUKTION: MONIQUE DRESSEL/ALLE FÜR BEEF!

Blut geleckt Gebraten zeigt sich, wieso die Blut- auch Schwarzwurst heißt. Therapie erfolgreich beendet!

GEGRILLTE AVOCADO

Rezept auf Seite 119

➞ Gewagte These: Avocado vom Rost mit scharfer Salsa funktioniert sogar ohne Fleischbeilage. Na ja, fast …

SPICY GURKEN-PICKLES

Rezept auf Seite 117

MARINIERTE KOTELETTS VOM KALB

Rezept auf Seite 115

➞ *Zart übertrumpft: Wer Kalbfleisch nicht liebt, dem ist nicht mehr zu helfen. Diese Koteletts kommen aus dem Münsterland und sind über otto-gourmet.de zu bestellen*

BACON-LAUCHZWIEBELN

Rezept auf Seite 121

GROSSE KLAPPE

AUFKLAPPEN UND LOSLEGEN ➔

... RISKIEREN UND SERVIEREN

FEURIG SCHARFE ROMESCO-SAUCE

Rezept auf Seite 118

OFENWARME FOCACCIA MIT ROSMARIN

Rezept auf Seite 123

OLIVENBUTTER MIT CURRY

Rezept auf Seite 124

RISKIER 'NE DICKE RIPPE!

Klar kann man einfach ein Schnitzel in die Pfanne hauen. Oder man trägt etwas dicker auf. Mit marinierten Kalbskoteletts, gegrillter Avocado, selbst gemachten Pickles und Focaccia

Fotos: VOLKER WENZLAWSKI *Rezepte & Foodstyling:* RAIK HOLST *Styling:* PINNY DANIEL

→ Wieso tiefstapeln, wenn man aufschneiden kann? In diesem Fall Zitronen in hauchdünne Scheiben, mit denen man die Koteletts umhüllt und mariniert

MARINIERTE KOTELETTS VOM KALB

ZUTATEN für 4 Portionen

2 Knoblauchzehen
3 eingelegte Sardellenfilets (aus dem Glas)
10 geröstete Kakaobohnen
6 EL Olivenöl
1 rote Chilischote
1 Bund Salbei
1/2 Bund Petersilie
4 Kalbskoteletts (à ca. 350 g; ca. 4,5 cm dick)
2 Bio-Zitronen
Meersalz, Pfeffer aus der Mühle

1. Knoblauch schälen und fein würfeln. Knoblauch, Sardellenfilets und Kakaobohnen zu einer Paste mörsern. Das Olivenöl unterrühren. Chili putzen und in Ringe schneiden. Salbei und Petersilie abspülen, trocken schütteln und grob schneiden. Chili und Kräuter unter die Marinade mengen. Das Fleisch damit rundherum einreiben. Zitronen heiß waschen, trocken reiben und in dünne Scheiben schneiden. Das Fleisch mit Zitronenscheiben belegen und ca. 6 Stunden gekühlt marinieren.
2. Koteletts etwa 30 Minuten vor dem Grillen auf Zimmertemperatur temperieren. Grill für direktes Grillen auf mittlere Temperatur (etwa 180 Grad) vorheizen.
3. Die Marinade vom Fleisch streichen. Koteletts auf dem heißen Grill 15–20 Minuten bis zu einer Kerntemperatur von ca. 58 Grad grillen. Nach der Hälfte der Garzeit wenden. Das Fleisch mit Salz und Pfeffer würzen, vor dem Servieren 5 Minuten zugedeckt ruhen lassen.

Zubereitungszeit: ca. 40 Minuten (plus 6:30 Stunden Marinier- und Temperierzeit)

SCHÖN ABGEBRÜHT

SO VERWANDELN SIE GURKEN MIT EINER HEISSEN WÜRZMARINADE IN EINE RAFFINIERTE BEILAGE:

1

2

3

1. Kleine, feste Snack-/Minigurken sind ideal, um daraus die knackigen Blitz-Pickles zu machen. Damit in der kurzen Zeit alles gleichmäßig durchzieht, die Gurken in möglichst gleich große Scheiben schneiden.

2. Zwiebelspalten in die Marinade geben, kurz mitköcheln. So behalten sie Biss, werden zugleich mild im Aroma, sodass sie die Marinade nicht dominieren.

3. Die würzig-süßliche Marinade heiß über die Gurken-Dill-Mischung gießen. Beim Abkühlen entwickelt sich der pikante Aromenmix von Honig, Chili und Senf, der die Gurkenscheiben richtig schön würzig macht.

→ Weil es nicht immer auf die Größe ankommt, empfehlen wir Minigurken aus dem Bio-Supermarkt. Die haben nicht nur mehr Biss, sondern auch mehr Geschmack als ihre langen und wässrigen Brüder

SCHALE: NANAKOENIGDESIGN.COM

SPICY GURKEN-PICKLES

ZUTATEN für 4 Portionen

8 Mini-Bio-Gurken
1 Bund Dill
1 rote Zwiebel
2 Knoblauchzehen
1 rote Chilischote
200 ml Weißweinessig
2 EL Blütenhonig
1 TL Meersalz
1 EL Senfkörner

1. Gurken waschen, trocken reiben und in breite Scheiben schneiden, Gurkenscheiben in eine Schüssel geben. Dill waschen, trocken schütteln, grob zerzupfen und überstreuen.
2. Zwiebel schälen und in feine Spalten schneiden. Knoblauch schälen, in feine Scheiben schneiden. Chili putzen und in Ringe schneiden. Essig, Honig, Meersalz, Senfkörner, Knoblauch und Chili in einen Topf geben, aufkochen. Zwiebeln zugeben, kurz mitköcheln lassen.
3. Marinade über die Gurken gießen, alles durchmischen. Zugedeckt ca. 4 Stunden marinieren, gelegentlich durchrühren.
4. Gurken-Pickles nach Geschmack mit etwas Meersalz nachwürzen, Gurken und Sud anrichten.

Zubereitungszeit: ca. 15 Minuten (plus 4 Stunden Marinierzeit)

FEURIG SCHARFE ROMESCO-SAUCE

ZUTATEN für 4 Portionen

100 g geschälte Mandelkerne
70 g Toastbrot (ca. 3 Scheiben)
3 Tomaten
½ rote Paprikaschote
1 Knoblauchzehe
2 rote Chilischoten
1 eingelegtes Sardellenfilet
1 EL Weißweinessig
50 ml Olivenöl
2 EL Sherry
Meersalz, Pfeffer aus der Mühle

1. Mandeln ohne zusätzliches Öl anrösten. Auf einem Teller abkühlen lassen. Das Brot fein würfeln. Tomaten waschen, putzen und in grobe Stücke schneiden. Paprika putzen, waschen und würfeln.
2. Knoblauch schälen und in Scheiben schneiden. Chili putzen und in Ringe schneiden.
3. Vorbereitete Zutaten (bis auf Mandeln), Sardellenfilet, Essig, Olivenöl und Sherry in einen stabilen Mixer geben und zu einer feinen Sauce mixen. Die Sauce mit Salz und Pfeffer abschmecken. Mandeln fein hacken und unterrühren.

Zubereitungszeit: 25 Minuten

→ Zu gegrillter Avocado und scharfer Sauce passt als Absacker am besten ein guter Tequila. Und da hätten wir auch gleich eine prima Idee

→ *Die Empfehlung finden Sie auf Seite 30*

GEGRILLTE AVOCADOS MIT TOMATEN-SALSA

ZUTATEN für 4 Portionen

2 Tomaten
Saft von 1/2 Zitrone
1 EL Blütenhonig
2 EL Olivenöl
etwas Tabasco zum Abschmecken
Meersalz, Pfeffer aus der Mühle
2 EL Instant-Couscous
2 Avocados
1 EL Pflanzenöl für den Grillrost
1/2 Bund Basilikum
1/2 Bund Estragon
1/2 Bund glatte Petersilie
nach Belieben 1 Stück frischer Meerrettich

1. Tomaten waschen, putzen und in feine Würfel schneiden. Tomatenwürfel, Zitronensaft, Honig und Olivenöl in einer Schüssel vermengen. Mit Tabasco, Salz und Pfeffer abschmecken. Couscous sorgfältig unterrühren. Alles 30 Minuten quellen lassen, bis die Flüssigkeit aufgesogen und der Couscous weich ist. Zwischendurch öfter vorsichtig durchrühren.
2. Den Grill auf mittlere Temperatur (180 Grad) vorheizen. Die Avocados halbieren, Kern auslösen. Den Grillrost mit Öl einpinseln. Avocados mit den Schnittflächen auf den heißen Grill legen, so etwa 5 Minuten grillen. Dann wenden und weitere 5 Minuten auf den Schalenseiten rösten.
3. Kräuter waschen, trocken schütteln, die Blätter abzupfen und grob hacken. Kräuter unter die Tomaten-Salsa mischen. Salsa nochmals mit Salz, Pfeffer und Tabasco abschmecken.
4. Gegrillte Avocadohälften mit Salz und Pfeffer würzen, auf Teller setzen und die Tomaten-Salsa einfüllen. Nach Belieben Meerrettich schälen, überreiben und sofort servieren.

Zubereitungszeit: ca. 40 Minuten

→ Jemanden mit Lauchzwiebeln zu beeindrucken ist relativ schwierig. Mit einem Rub aus Fenchelsamen und Kümmel und mit Bacon umwickelt geht's aber ...

BACON-LAUCHZWIEBELN

ZUTATEN für 4–6 Portionen

1 EL Fenchelsamen
1 TL Kümmel
1 EL schwarze Pfefferkörner
1 TL granuliertes Knoblauchpulver
2 Bund Lauchzwiebeln (ca. 12 Stück)
2 EL Olivenöl
12 Scheiben Bacon (Frühstücksspeck)
Meersalz

1. Fenchelsamen, Kümmel und Pfeffer fein mörsern. Knoblauchpulver zugeben und gründlich untermörsern.
2. Lauchzwiebeln putzen, waschen, trocken tupfen und halbieren. Lauchzwiebeln und Öl mischen, mit dem Rub bestreuen. In 12 Portionen teilen und die Lauchzwiebeln jeweils mit einer Speckscheibe fest umwickeln.
3. Die Bacon-Lauchzwiebel-Päckchen auf dem heißen Grill bei mittlerer Temperatur (ca. 180 Grad) ca. 10 Minuten unter Wenden rundum knusprig grillen. Mit etwas Meersalz würzen und servieren.

Zubereitungszeit: ca. 30 Minuten

→ Ursprünglich wurde Focaccia nicht als Beilage serviert, sondern zum Frühstück gegessen. Ob aber Teig für den nächsten Morgen übrig bleibt, ist ziemlich fraglich

MACH MAL LOCKER!

SAUMÄSSIG LECKER, DIESES WARME BROT VOM BLECH! NUR 4 SCHRITTE – UND ES IST IHRES ...

1. Damit die Hefe optimal startet, den gepressten Hefewürfel zerbröckeln und mit Zucker und lauwarmem Wasser verrühren, bis alles gelöst ist.

2. Den gekneteten Teig dann ausrollen. Dazu zunächst Arbeitsfläche und auch Rollholz mit Mehl bestäuben, dann klebt beim Ausrollen nichts an.

3. Wie die italienischen Bäcker: Mit Fingern Vertiefungen in den Teig drücken. Damit Öl und Salz beim Aufgehen des Teiges gleichmäßig verteilt bleiben.

4. Ebenfalls typisch: Im Norden Italiens werden Focaccia- und Brotteige ohne Salz zubereitet. Dafür dann großzügig und gleichmäßig damit bestreut.

OFENWARME FOCACCIA MIT ROSMARIN

ZUTATEN für 6 Portionen

½ Würfel (21 g) frische Hefe
2 EL Zucker
1 kg Mehl
140 ml Olivenöl
1 Bund Rosmarin
1–2 EL grobes Meersalz

1. 600 ml Wasser erwärmen, in eine große Rührschüssel geben. Hefe und Zucker einrühren. Mehl nach und nach gründlich unterkneten, bis ein glatter, geschmeidiger Teig entsteht, der nicht mehr klebt. Den Teig zu einer Kugel formen. Zugedeckt in der Schüssel an einem warmen Ort ca. 30 Minuten gehen lassen.
2. Dann den Teig nochmals kräftig durchkneten, auf einem mit Öl ausgepinselten tiefen Backblech/Fettpfanne ausrollen. Zugedeckt weitere 30 Minuten gehen lassen.
3. Den Backofen auf 220 Grad Ober- und Unterhitze vorheizen. Mit den Fingern Vertiefungen in den Teig drücken, übriges Olivenöl überträufeln. Rosmarin waschen, trocken schütteln, die Zweige fein zerzupfen und in den Vertiefungen verteilen. Meersalz überstreuen.
4. Die Focaccia im heißen Backofen ca. 30 Minuten goldbraun backen. Am besten noch ofenwarm servieren.

Zubereitungszeit: 1 Stunde (plus 1 Stunde Wartezeit)

→ Für den ultimativen Geschmack empfehlen wir das Kombinieren von mindestens zwei Olivensorten – das macht auch farblich mehr her

OLIVENBUTTER MIT CURRY

ZUTATEN für 8–10 Portionen

100 g grüne Oliven (ohne Stein)
100 g schwarze Kalamata-Oliven (ohne Stein)
500 g weiche Butter
1 EL Worcestershiresauce
1 TL Tabasco
2 TL Curry
Meersalz

1. Oliven in sehr feine Würfel schneiden. Butter cremig aufschlagen und die Oliven unterrühren. Die Butter mit Worcestershiresauce, Tabasco und Curry verrühren und mit Meersalz würzig abschmecken.
2. Butter z. B. mithilfe von Frischhaltefolie zu einer Rolle formen, ca. 3 Stunden kühl stellen.

Zubereitungszeit: ca. 10 Minuten (plus ca. 3 Stunden Kühlzeit)

FOTOS: VOLKER WENZLAWSKI/SOLARUNDFOTOGRAFEN.COM; REZEPTENTWICKLUNG & FOODSTYLING: RAIK HOLST; STYLING: PINNY DANIEL; POSTPRODUKTION: TELSE FAUST; PRODUKTION: MONIQUE DRESSEL/ALLE FÜR BEEF!
FLEISCH: KALBSKOTELETT PRIVATE SELECTION VON OTTO-GOURMET.DE; MESSER: SANTOKUMESSER SHUN PREMIER/TIM MÄLZER SERIE/KAI-EUROPE ÜBER ONEKITCHEN.COM

Dieses Heft gehört in Ihr Nest!
Jetzt entdecken: köstliche Rezept-Ideen zum Oster-Brunch.
Deutschlands großes Food-Magazin • www.essen-und-trinken.de • 4/2021 • 4,90 €
essen & trinken
Neue Serie
KUCHEN DES MONATS – MIT RHABARBER
TOP 5
Artischocke fünfmal anders
LIEBLINGS-PASTA
MIT RAGOUT, SARDINEN, TRÜFFEL
DAS PERFEKTE GULASCH
Buntes Buffet: Das sind ja köstliche Aussichten
Fröhliche Ostern!
Eiersalat, Zucchini-Tarte, Roastbeef mit drei Saucen und eine süße Krone aus Hefeteig – lauter feine Brunch-Ideen
Jetzt testen unter
www.essen-und-trinken.de/ostern21

JOSH IM GLÜCK: Fischmetzger Niland legt bei einem Mahi Mahi Hand an. Aus ganz Australien arbeiten ihm Fischer zu

AUSTRALIEN

FISCHLEIN, DECK DICH!

ES WAR EINMAL EIN JUNGER KERL, DER AUSZOG, UM DER WELT ZU ZEIGEN, DASS SICH AUCH FISCHE MIT DRY AGING VERZAUBERN LASSEN. HEUTE MACHT JOSH NILAND IN SEINER „FISH BUTCHERY" JEDEN TAG MÄRCHEN WAHR

Fotos: **ROB PALMER** *Text:* **MARGHERITA BETTONI**

ZAUBERER: Seit vier Jahren experimentiert Niland mit Dry Aging. Täglich überprüft er die Reifung der einzelnen Stücke in der Kühlkammer

AUSTRALIEN

JOSH NILAND FISH BUTCHERY

*// **Adresse** 388 Oxford Street, Paddington, Sydney 2021*

*// **Kontakt** über hello@fishbutchery.com.au, Bestellungen über kitchen@fishbutchery.com.au*

*// **Restaurant „Saint Peter“** 362 Oxford Street, Paddington, Sydney 2021, Tel. +61/2-89372530, saintpeter.com.au*

*// **Mehr Infos** unter: fishbutchery.com.au*

HEXENHÄUSCHEN: Die besten Cuts von Thunfisch, Kabeljau und Co. hängt er dann in den Reifeschrank seiner Fish Butchery, als wär's eine Ausstellung

SCHLARAFFENLAND: In seinem Restaurant serviert Niland das 20 Tage lang gereifte Gelbflossen-Thunfisch-Rib-Eye wie ein Rinderfilet

„VERSUCHT, ES NICHT ALS FISCH ZU SEHEN – SONDERN ALS FLEISCH!"

Diese Metzgerei ist der Traum eines jeden Fleischers – wie Juwelen in einer Vitrine liegen hier die Steaks, Braten und Würste aus. Und die „Butchery" von Josh Niland ist noch aus einem anderen Grund ungewöhnlich. Das Geschäft im Paddington-Viertel von Sydney führt nur Meerestiere. Niland verkauft Forellenwürste, Mortadella von der Gelbschwanzmakrele und ungewöhnliche Fisch-Cuts. Fische auf Eis sucht man hier vergeblich. Die hängen hier an Haken, wie Rinderrücken. Und wie Rinderrücken lässt Niland die Fische reifen. In seinem Restaurant „Saint Peter" serviert er zudem Leberpastete von der Dorade oder die kalabrische Streichwurst 'Nduja – nur eben aus Fisch.

Nicht umsonst nennen sie Josh Niland den „Aussie fish butcher", den australischen Fischmetzger. Denn Niland, 32, hat die Fischszene seiner Heimat revolutioniert: Er verarbeitet und kocht Fisch auf eine Art, die in der westlichen Welt unüblich ist. Um etwa einen Black Pudding à la Josh Niland zuzubereiten, braucht man fein geschnittene Schalotten, in Butter angeschwitzt, doppelrahmige Sahne, grob gemahlene Brioche-Krümel. Das Ganze abgeschmeckt mit Salz, Pfeffer, gemahlenen Nelken und einer Prise Muskat. Und natürlich die Hauptzutat: 100 Milliliter Blut einer frisch gefischten Spanischen Makrele. Das Resultat ist eine milde Fisch-Blutwurst, die leicht nach Sardelle schmeckt.

Es ist 22.30 Uhr und Niland, der ein bisschen so aussieht wie der serbische Tennisspieler Novak Djokovic, hat einen langen Tag hinter sich. Als er über Video Call von seiner Arbeit spricht, sieht man ihm die Müdigkeit an. Niland ist gleichzeitig Metzger und Koch, seine Tage beginnen um neun Uhr in der Fischmetzgerei. Hier verarbeiten er und seine neun Mitarbeiter die Fische, die Niland dann ab Mittag bis spätabends in seinem Restaurant kocht. Aber bevor es um die Arbeit geht, erzählt Niland erst mal von seiner Kindheit.

ZU HAUSE GAB ES OFT NUR FISCHSTÄBCHEN

Er ist aufgewachsen in Maitland, einer Stadt zwei Autostunden nördlich von Sydney. Seine Mahlzeiten bestanden damals manchmal aus Fischen, die er und seine Schwester aus dem örtlichen Fluss angelten, öfter aber aus tiefgekühlten Fischstäbchen. Als Niland acht Jahre alt war, entdeckte seine Mutter einen Knoten unter seinem Brustkorb. Die Diagnose der Ärzte: Wilms-Krebs, ein sehr aggressiver Nierentumor. Es folgten zwei Jahre Chemotherapie, in denen jedes Essen fad schmeckte. Nur nicht die Gerichte seiner Mutter. Sie kochte für ihn zum Beispiel Chicken Pie, einen salzigen Kuchen aus Hähnchen, oder schmierte ihm herzhafte Sandwiches. Aber es waren gar nicht die Gewürze, die Josh Niland im Gedächtnis geblieben sind. „Meine Mutter kochte mit einer solchen Liebe, Fürsorge und Großzügigkeit", erinnert er sich. Und so entdeckte Niland während der Chemotherapie seine Leidenschaft fürs Kochen.

Die Entscheidung, die er in der zehnten Klasse fällen musste, fiel ihm daher auch nicht schwer: High School? Eher nicht. Eine Kochlehre sollte es werden. Er fing in einem Restaurant in der Nähe seiner Heimatstadt an, mit 17 Jahren zog er um nach Sydney. Es war eine sehr spannende Zeit, um als Koch in dieser Stadt zu leben. Mehrere junge Küchen-Revolutionäre hatten begonnen, die Nose-to-Tail-Philosophie in ihre Menüs zu integrieren. Niland erinnert sich noch ganz genau an den Moment, als er diese Philosophie zum ersten Mal verstand: Er bekam ein Rinderfilet mit einem Rinderbäckchen und etwas Rinderschwanz serviert, dazu eine Sauce aus Markknochen. „Ich dachte, das sei einfach das coolste Ding: vier verschiedene Stücke Rind auf einem Teller, und alles schaute so gut aus."

Während seiner Lehre arbeitete Niland auch im „Hilton"-Hotel, zu dem ein Restaurant mit 280 Plätzen gehörte. Die vielen Tische hatten einen Vorteil: Statt einzelner Fleischstücke kamen in der Küche ganze Tiere an. So lernte Niland nicht nur die üblichen Metzgerhandgriffe – sondern auch Rinder, Lämmer und Schweine komplett zu zerlegen.

Die Handgriffe hat er sich gemerkt, nur das Fleisch hat er durch Fisch ersetzt. In einem Videokurs zeigt er, wie er einen Antarktischen Schwarzfisch zerlegt. Die Methode, bei der er alle Organe auf einmal herausarbeitet, hat er selbst entwickelt: Mit einem Messer schneidet er den Fischbauch vorsichtig durch, nur mit der Messerspitze, um »

SIEBEN AUF EINEN STREICH: Wenn Niland Makrele mit Salz und Essig anrichtet, sieht der Teller aus wie ein Kunstwerk

GOLDKINDER: Die Jungs in der Fish Butchery legen nicht einfach Fisch auf Eis – sie präsentieren in der Vitrine ungewöhnliche Cuts wie Preziosen

MÄRCHENSCHLOSS: Ein früheres Sushi-Lokal hat Niland ins „Saint Peter" verwandelt, das in Australien Kultstatus genießt

„DORADENLEBER AUF TOAST IST DAS BESTE, WAS ICH JE GEGESSEN HABE!"

die Organe nicht zu berühren. „Es ist die sauberste Art und sie gibt mir die Möglichkeit, alle Organe als Ganzes zu sehen, bevor ich sie verarbeite", sagt er. Dann macht er einige schnelle Schnitte hinter den Kiemen und löst geschickt die Organe aus dem Fisch. Wie bei einem Windspiel hängen sie alle zusammen: Kiemen und Herz, Leber und Gallenblase. „Ich sehe so viel Schönheit hier drin", sagt Niland. „Und so viel Potenzial."

Tatsächlich verarbeitet er in seinem Restaurant so gut wie alle Fischorgane, auch solche, die zunächst eher unappetitlich klingen: Aus den Augen stellt er eine Art Krabbenchips her, aus den Schuppen macht er etwas, das an süße Cornflakes erinnert. Nur für die Gallenblase hat Niland noch keine Anwendung gefunden. Seine Forschung geht gerade in Richtung eines Cocktail-Bitters. „Versucht, es nicht als Fisch zu sehen", sagt er seinem Team immer, „sondern als Fleisch."

Das ist sein Trick. Und es ist etwas, das er vor Jahren von einem seiner wichtigsten Meister gelernt hat: Stephen Hodges, Besitzer zweier Fischrestaurants. „Steve war ein Genie, wenn es darum ging, Fisch zu kochen", sagt Niland heute. „Dank ihm habe ich gelernt, Hunderte verschiedene Fischsorten zu verarbeiten." Die vielleicht wichtigste Erkenntnis kam am Ende eines langen Abends, an dem Hodges leicht betrunken war. Niland wollte von seinem Meister wissen, wie er denn entscheide, welche Beilagen am besten zu welchem Fisch passten. Der sagte: „Stell dir vor, es sei Fleisch: Thunfisch ist wie Rind, Makrele ist wie Taube und so weiter." Das änderte für immer die Art, wie Niland auf Fisch schaute: „Wenn ich heute ein Stück Schwertfisch vor mir habe, sage ich mir, dass das wie Schweinefleisch ist. Und dann schneide ich daraus ein schönes Lendenstück am Knochen."

Ein Teil seiner Arbeit in der Fish Butchery besteht auch darin, Kunden für diese unüblichen Cuts zu sensibilisieren. Niland zeigt ihnen, dass Fisch aus viel mehr besteht als zwei Filets. „Es ist, als hätten die Menschen Angst, bei Fischhändlern Wünsche zu äußern", wundert sich Niland. Einen Fleischer fragen sie ständig nach besonderen Schnitten, einen Fischhändler nicht. Bei ihm soll das anders sein. Auch deswegen hat er seinen Laden „Fisch-Metzgerei" genannt.

ER IST FISCHPROFESSOR UND SCHUPPENSPIELER

Niland geht es aber auch darum, dass nicht mehr so viele Teile eines Fisches im Müll landen wie in den Restaurants, in denen er gearbeitet hatte. „Ich filetierte etwa Doraden zum Grillen und Frittieren, und übrig blieb ein Stapel an Innereien und Gräten, die weggeschmissen wurden." Er erinnerte sich an seinen Nose-to-Tail-Moment mit dem Rindfleisch – und kochte sich eine Doradenleber auf Toastbrot mit Petersilie. „Ich aß sie und dachte: Das ist das Beste, was ich je gegessen habe." Das war der Anfang seiner auf Fischinnereien basierten Küche.

Als Niland 2016 sein Restaurant „Saint Peter" eröffnete, setzte er dort sein Konzept radikal um – und hatte eine Idee, die ihn weltweit bekannt machte: Das Dry Aging von Fischen. „Wenn man Fleisch reifen kann, warum sollte man Fisch nicht reifen können?", fragte er sich damals. Die Reaktionen waren gemischt: Manche Köche fanden es interessant, andere schimpften ihn einen Narren. „Das gab mir erst recht die Lust zu experimentieren", sagt Niland.

Heute lässt Niland Fische in seiner Metzgerei bis zu drei Wochen lang reifen. Dafür schneidet er zunächst alle Schuppen weg, dann öffnet er den Fischbauch und nimmt alle Organe heraus. Anschließend tupft er das Innere des Fisches ab, bis es ganz sauber ist. Die großen Fische hängt er an Haken, die kleineren legt er auf eine Lochschale. Alle kommen in eine null bis minus ein Grad kalte Kühlkammer. Jeden Tag prüft Niland jeden einzelnen Fisch, um den Tag zu erwischen, an dem er perfekt gereift ist. Kabeljau etwa serviert er zwischen dem zweiten und dem sechsten Tag, Thunfisch lässt er rund 20 Tage reifen.

Das Reifen bietet ihm die Möglichkeit, einen Fisch drei Wochen lang zu verarbeiten – und mehr Teile zu nutzen. „So kann ich bis zu 96 Prozent eines Tieres verwenden", rechnet er vor. „Wenn nur zehn Prozent der Fischhändler weltweit so arbeiten würden wie ich, würden sie nicht nur jede Menge Geld sparen, sondern auch viel weniger Fisch wegschmeißen", sagt Niland.

Dafür müsse man nur einmal das Rad stoppen. Und es dann in die komplett andere Richtung drehen. B!

FOTOS: ROB PALMER FÜR „THE WHOLE FISH COOKBOOK" JOSH NILAND

BLEIBT ALLES ANDERS

Vor 600 Jahren erkannte man in Wales, was diese besondere, urtümliche Landschaft alles zu bieten hatte. Wales war der perfekte Platz für die Schafhaltung. Also siedelten die Menschen sich in Wales an und wurden zu Farmern. Ihre Traditionen und ihr Wissen überlieferten sie von Generation zu Generation. Die wichtigste Zutat für das Geheimnis ihres Erfolges war dabei die einzigartige walisische Natur. Das angrenzende Meer, Berge und Täler, starke Regenfälle und Erde, die reich an Mineralien ist, sowie nahrhaftes saftiges Gras, lassen walisische Lämmer im Einklang mit der Natur wachsen und gedeihen.

Walisische Farmer wissen schon seit Generationen: Kümmert der Mensch sich um das Land, so kümmert sich das Land auch um den Menschen. Genau das ist das Geheimnis unserer jahrhundertealten, nachhaltigen Viehzucht fernab von der sonst so weit verbreiteten industriellen Fleischproduktion.

Walisischem Lammfleisch wurde unter anderem wegen der jahrhundertealten Traditionen der walisischen Farmer die geschützte geographische Angabe der EU verliehen. Gemeinsam mit der walisischen Natur gewährleisten sie, dass von jeher der fein-milde, unverwechselbare Geschmack von Walisischem Lammfleisch erzielt wird. Walisisches Lammfleisch (g.g.A.) nimmt sich die Zeit, die es braucht, um so einzigartig gut zu werden, wie es ist. Weil Qualität keine Eile kennt. Nur auf diese Weise erhält man ein Premiumprodukt mit auserlesenem Geschmack. Einzigartig. Gut.

Mehr über Walisisches Lammfleisch (g.g.A.) sowie viele außerordentliche Rezepte finden Sie unter www.walisischeslamm.de.

REIGEN DER LÄMMER

Sie ernähren sich von Gras, Kräutern und Klee, darum schmecken sie so mild und fein. Und extrem zutraulich sind die Walisischen Lämmer auch: Die Tierchen auf den nächsten Seiten sind uns zugelaufen, um Ostern zu feiern – als Keule, Kebab, Burger und Rücken. Entzückend!

Fotos: ANDREAS REIMANN *Rezepte & Foodstyling:* ALEXANDER VALVA UND TORSTEN SCHMIDT

GANZE KEULE und dazu gibt's Süßkartoffeln, gefüllt mit Salbei-Blauschimmelkäse → *Rezept Seite 148*

KEBAB DE LUXE VOM LAMMFILET

ZUTATEN für 4 Portionen

8 Filets vom Walisischen Lamm (à ca. 80–100 g)
2 Zweige Rosmarin
1 Stiel Oregano
1 TL geräuchertes Paprikapulver
4 EL Olivenöl
200 g grüne Bohnen
Meersalz
200 g Edamame-Bohnen (frisch oder TK)
3 mittelgroße Möhren
1 rote Chilischote
1 Bio-Limette
Pfeffer aus der Mühle
1 TL rote Pfefferbeeren
2–3 EL Rotweinessig
1 EL Honig
1 EL Olivenöl
2 Stiele glatte Petersilie

Außerdem 4 lange Metallspieße

1. Falls noch vorhanden die aufliegende Silberhaut vorsichtig flach von den Lammfilets schneiden. Filets trocken tupfen und sacht plattieren. Je zwei Filetstücke wellenförmig auf je einen langen Metallspieß stecken.

2. Rosmarin und Oregano abwaschen, trocken schütteln und fein hacken. Paprikapulver, gehackte Kräuter und Olivenöl mischen. Lammfiletspieße damit marinieren und ca. 20 Minuten bei Zimmertemperatur zugedeckt ziehen lassen.

3. Für Salat grüne Bohnen putzen und waschen. Bohnen in kochendem Salzwasser ca. 6 Minuten garen, abgießen, kalt abschrecken und abtropfen lassen. Edamame in Schale in kochendem, stark gesalzenem Wasser ca. 5 Minuten garen. Abgießen, kalt abschrecken und abtropfen lassen. Edamame-Kerne auslösen.

4. Die Möhren putzen, schälen und mit einem Sparschäler oder Gemüsehobel längs in feine Streifen schneiden. Möhren, Bohnen und Edamame-Kerne in einer Schüssel mischen.

5. Chili putzen, fein schneiden. Limette heiß waschen, trocken reiben und die Schale fein abreiben. Filets auslösen. Vorbereitete Zutaten unters Gemüse mischen. Mit Salz, Pfeffer, roten Pfefferbeeren, Essig, Honig und Öl abschmecken. Petersilie hacken, unterrühren.

6. Lammspieße auf dem heißem Grill oder der heißen Grillplatte unter Wenden ca. 4 Minuten grillen bzw. braten. Vor dem Anrichten zugedeckt kurz ruhen lassen. Den Salat abschmecken, dazu servieren.

Zubereitungszeit: ca. 45 Minuten

LAMB-CHETTA MIT PISTAZIENFÜLLUNG

ZUTATEN für 3 Portionen

1 TL Fenchelsaat
Pfeffer aus der Mühle
1 TL edelsüßes Paprikapulver
½ TL getrockneter Oregano
Meersalz
4 eingelegte Sardellenfilets (in Öl)
50 g gehackte Pistazienkerne
4 EL und 150 ml Olivenöl
550 g ausgelöste, küchenfertig vorbereitete Brust vom Walisischen Lamm
350 g feine Bandnudeln (Linguine)
300 g langstieliger Brokkoli (Cima di rapa)
100 g Rauke
50 g geriebener Parmesan
4 Blätter Minze

Außerdem Küchengarn

1. Den Backofen auf 150 Grad Ober- und Unterhitze vorheizen. Für die Füllung Fenchelsaat im Mörser fein zerstoßen. Mit ½ TL Pfeffer, Paprikapulver, Oregano und ½ TL Salz mischen. Sardellenfilets abtropfen lassen, fein hacken. Mit Pistazien und 2 EL Olivenöl zur Gewürzmischung geben und alles gründlich vermengen.

2. Die Lammbrust kalt waschen, gründlich trocken tupfen und mit der Fleischseite nach oben auf einer Arbeitsfläche ausbreiten. Pistazien-Würzmischung darauf gleichmäßig verstreichen. Fleisch fest aufrollen und mit Küchengarn sorgfältig verschnüren.

3. 2 EL Olivenöl in einer großen Pfanne erhitzen. Das Fleisch darin rundum goldbraun anbraten. Herausnehmen und in eine Auflaufform setzen. Im heißen Backofen ca. 30 Minuten garen.

4. Währenddessen Linguine in reichlich kochendem Salzwasser nach Packungsanleitung bissfest garen. Brokkoli putzen, waschen, abtropfen lassen und längs halbieren. Das Bratfett in der Pfanne nochmals erhitzen. Den Brokkoli darin unter Wenden kurz anbraten. Ca. 100 ml Kochwasser von den Linguine zugießen. Bei schwacher Hitze offen mit noch leichtem Biss dünsten. Mit Salz und Pfeffer würzen.

5. Rauke verlesen, waschen, trocken schütteln und grob schneiden. Mit Parmesan, 150 ml Olivenöl und Minze in einen hohen Rührbecher geben und zu einem feinen Pesto pürieren. Mit Salz und Pfeffer abschmecken.

6. Linguine abgießen, dabei ca. 200 ml vom Kochwasser auffangen. Linguine, Pesto und aufgefangenes Kochwasser vermischen.

7. Braten aus dem Ofen nehmen und zugedeckt kurz ruhen lassen. Das Fleisch in Scheiben schneiden. Pasta und Brokkoli dazu servieren.

Zubereitungszeit: ca. 55 Minuten

„LOLLIPOPS“ VOM LAMM IN PORTER GESCHMORT

ZUTATEN für 4 Portionen

½ TL geräuchertes Paprikapulver
3 EL Olivenöl, Meersalz
4 fleischige Haxen vom Walisischen Lamm (à ca. 500 g)
1 große Fleischtomate (ca. 400 g)
1 Knoblauchzehe, 2 rote Zwiebeln
4 Lorbeerblätter
100 ml Porter-Bier
2 EL Rohrzucker
800 g mehligkochende Kartoffeln
700 g Dicke Bohnen in der Schote (alternativ 300 g TK-Dicke-Bohnenkerne)
1 große rote Chilischote
2 EL Olivenöl
300 g TK-Erbsen
Schale und Saft von ½ Bio-Zitrone
Pfeffer aus der Mühle
200 ml Schlagsahne
50 g geriebener Parmesan
3 Stiele frische Minze

Außerdem Backpapier, Küchengarn

1. Den Backofen auf 180 Grad Ober- und Unterhitze vorheizen. Paprikapulver, Öl und 1 EL Salz verrühren. Die Lammhaxen waschen, gründlich trocken tupfen und mit der Würzmischung einreiben. Tomate putzen, in Stücke schneiden. Knoblauch und Zwiebeln abziehen, fein schneiden. Tomatenstücke, Zwiebeln, Lorbeer und Knoblauch mischen und mittig auf 4 große Stücke Backpapier verteilen. Je eine Lammhaxe daraufsetzen.

2. Bier und Zucker verrühren, die Haxen damit bestreichen. Backpapier über Lammhaxen zusammenfügen, mit Küchengarn fixieren. Die Lammhaxen-Päckchen in einen Bräter setzen, übrige Marinade von Oben in die Päckchen gießen. Im heißen Backofen ca. 2 Stunden schmoren.

3. Währenddessen Kartoffeln schälen, waschen und in kochendem Salzwasser ca. 30 Minuten garen. Dicke Bohnen aus den Schoten lösen, in kochendem Salzwasser ca. 5 Minuten blanchieren, abgießen, kalt abschrecken. Bohnenkerne aus Hülsen drücken. Chilischote längs halbieren, Kerne entfernen. Schote in feine Streifen schneiden. Öl in einer Pfanne erhitzen. Erbsen, Dicke Bohnen, Chili, Zitronenschale und -saft zugeben und unter Wenden alles erhitzen, zugedeckt ca. 5 Minuten dünsten. Mit Salz und Pfeffer abschmecken.

4. Sahne in einem Topf aufkochen. Kartoffeln abgießen und durch eine Presse in die heiße Sahne drücken. Käse unterrühren und das Püree mit Salz abschmecken.

5. Minze fein schneiden und zur Bohnenmischung geben. Die Lamm-Lollipops aus dem Ofen nehmen, Papier entfernen, dabei entstandenen Schmorfond auffangen. Haxen, Kartoffelpüree, Schmorfond und Bohnengemüse anrichten.

Zubereitungszeit: ca. 1 Stunde (plus ca. 2 Stunden Schmorzeit)

KARREE MIT POLENTA-SCHNITTEN

ZUTATEN für 2 Portionen

Polenta
1 Knoblauchzehe, 1 Zweig Rosmarin, 200 ml Gemüsebrühe (selbst gekocht oder aus dem Glas), 90 g Maisgrieß, 4 EL Butter, 1 gehäufter EL geriebener Parmesan, Meersalz, Pfeffer aus der Mühle, 1 EL Rapsöl

Gemüsechips
150 g Süßkartoffeln, 100 g Kartoffeln, 1 l Rapsöl zum Frittieren, Meersalz

Tomatenmarmelade
1 Schalotte, 200 g rote und gelbe Kirschtomaten, 30 g Zucker, Mark von ½ Vanilleschote, 200 ml trockener Weißwein, 2 EL Zitronensaft

Fleisch
600 g Karree vom Walisischen Lamm, Meersalz, 1 EL Rapsöl, 1 EL Butter, 2 Zweige Rosmarin, Pfeffer aus der Mühle

1. Für die Polenta Knoblauch abziehen, halbieren. Rosmarin abzupfen, fein hacken. Brühe, Knoblauch und Rosmarin in einem Topf aufkochen. Maisgrieß unter Rühren einrieseln lassen, kurz aufkochen. 1 TL Butter und Parmesan unterrühren. Mit Salz und Pfeffer abschmecken. Knoblauchzehe entfernen. Polenta 1–2 cm hoch auf einem dünn mit Butter bestrichenen Blech verteilen. Abkühlen lassen.
2. Für die Gemüsechips beide Kartoffelsorten schälen, in Scheiben hobeln und in reichlich kaltem Wasser wässern. Kartoffelscheiben abgießen, nochmals kalt abspülen und gründlich trocken tupfen.
3. Öl in weitem Topf erhitzen. Die Kartoffelscheiben darin portionsweise knusprig frittieren. Auf Küchenpapier ausgebreitet abtropfen lassen, salzen.
4. Für die Tomatenmarmelade Schalotte schälen, würfeln. Tomaten waschen, halbieren. Zucker in einem Topf karamellisieren. Tomaten, Schalotte und Vanillemark zugeben, mit Wein und Zitronensaft ablöschen. Ca. 10 Minuten offen köcheln.
5. Backofen auf 125 Grad Ober- und Unterhitze vorheizen. Karree parieren, trocken tupfen und mit Salz würzen. Öl in einer ofenfesten Pfanne hoch erhitzen. Karree darin rundum kräftig anbraten. Pfanne von der Kochstelle ziehen, Butter und Rosmarin zugeben. Karree mit Pfeffer würzen und mit der Butter beträufeln. Karree im heißen Backofen bis zu einer Kerntemperatur ca. 58 Grad fertig garen.
6. Polenta in Streifen schneiden. In Rest heißer Butter und Öl goldbraun braten. Karree zugedeckt kurz ruhen lassen. Fleisch aufschneiden, mit Polenta, Tomatenmarmelade und Chips anrichten.

Zubereitungszeit: ca. 1 Stunde (plus Wartezeit)

GANZE SCHULTER mariniert in Fenchel, Paprika und Pfeffer – und mit Harissa-Joghurt-Dip → *Rezept Seite 148*

LAMMRÜCKEN MIT KRÄUTERKRUSTE

ZUTATEN für 5–6 Portionen

Lammrücken
1 ganzer Lammrücken/Sattel (etwa 2,5 kg; inklusive Knochen, z. B. vom Walisischen Lamm)
Meersalz
Pfeffer aus der Mühle
2 EL Olivenöl
1 kleine Möhre
200 g Knollensellerie
2 Knoblauchzehen
1 EL Tomatenmark
200 ml trockener Rotwein
200 ml Gemüsebrühe
eventuell 2–3 EL kalte Butter in Würfeln

Kräuterkruste
6 Stiele Thymian
1 Bund glatte Petersilie
2 EL Butter
2 EL mittelscharfer Senf
2 EL geriebener Parmesan
4 EL Semmelbrösel

1. Das Fleisch parieren, dabei entstehende Abschnitte für die Saucenzubereitung beiseitelegen. Rücken trocken tupfen und mit Salz und Pfeffer würzen. Olivenöl in einer großen länglichen Pfanne oder Bräter erhitzen. Den Rücken darin auf der Fleischseite kurz und kräftig anbraten. Herausnehmen und zugedeckt beiseitestellen. Möhre, Sellerie und Knoblauch schälen bzw. abziehen und in feine Würfel schneiden.

2. Lammfleischabschnitte in Stücke schneiden und im heißen Bratfett unter Wenden goldbraun anrösten. Gemüsewürfel und Knoblauch ca. 2 Minuten mit anrösten. Tomatenmark einrühren und kurz mitrösten. Mit Rotwein und Brühe ablöschen. Bei schwacher Hitze zugedeckt ca. 45 Minuten köcheln lassen.

3. Den Backofen auf 180 Grad Ober- und Unterhitze vorheizen. Für die Kräuterkruste Kräuter abspülen, trocken schütteln und die Blätter abzupfen. Thymian- und Petersilienblätter mit Butter, Senf, Parmesan und Semmelbröseln im Universalzerkleinerer fein hacken.

4. Die Kräutermischung auf dem Fleisch verteilen. Den Lammrücken auf ein Backblech setzen, auf unterster Schiene in den heißen Backofen schieben. Lammrücken bis zu einer Kerntemperatur von etwa 58 Grad garen. Das Fleisch vor dem Aufschneiden etwa 5 Minuten an einem warmen Ort ruhen lassen.

5. Den Saucenansatz passieren, nach Belieben mit kalter Butter sämig montieren. Die Sauce mit Salz und Pfeffer abschmecken. Das Fleisch von den Knochen lösen, aufschneiden. Dazu passen Kartoffelgratin und gebackener Blumenkohl.

Zubereitungszeit: ca. 1 Stunde

CHEDDAR-DUNKIN'-BURGER

ZUTATEN für 4 Portionen

Burger Buns
25 g Butter, 1 EL Zucker,
190 ml plus 30 ml (2 EL) Milch,
12 g frische Hefe, 300 g Mehl,
1/2 TL Meersalz, 1 Ei plus 1 Eigelb (Gr. M),
1 EL schwarzer Sesam

Sauce
500 g Pflaumen, 2 Schalotten,
2 EL brauner Zucker, 1 rote Chilischote,
1 Lorbeerblatt, 2 EL Honig,
100 ml Weißwein, 4 EL Rotweinessig,
Meersalz, Pfeffer aus der Mühle

Burger-Belag
2 rote Zwiebeln, 1 Kolben roter Chicorée,
1 EL Olivenöl, 1 EL brauner Zucker,
1 Stiel Thymian, 2 EL Rotweinessig,
1 EL Honig

Lamm-Patties
750 g Hüfte mit Deckel vom Walisischen Lamm, Meersalz, Pfeffer aus der Mühle,
2 EL Öl, 4 Scheiben Cheddar-Käse

1. Für die Buns Butter, Zucker und 190 ml Milch erwärmen. Hefe einrühren. Mehl und Salz mischen. Mit Milchmix und Ei zum elastischen Teig verkneten. An warmem Ort ca. 45 Minuten gehen lassen.
2. Für die Sauce Pflaumen waschen, entsteinen. Schalotten abziehen. Pflaumen und Schalotten fein würfeln. Mit braunem Zucker karamellisieren. Chili putzen, entkernen. Chili, Lorbeer, Honig, Wein und Essig zu den Pflaumen geben. Ca. 30 Minuten köcheln lassen. Chili aus der Sauce entfernen, abschmecken. Abkühlen.
3. Teig nochmals durchkneten, zu 4 Buns formen. Auf mit Backpapier belegtem Blech weitere 20 Minuten gehen lassen. Backofen auf 200 Grad Ober- und Unterhitze vorheizen. Eigelb und 2 EL Milch verquirlen, Buns damit bepinseln. Sesam aufstreuen, im heißen Ofen ca. 15 Minuten goldbraun backen. Abkühlen lassen.
4. Für den Belag Zwiebeln abziehen, fein schneiden. Chicorée putzen, in Blätter teilen, waschen und abtropfen lassen. Zwiebeln im Olivenöl ca. 4 Minuten anbraten. Braunen Zucker überstreuen und kurz karamellisieren. Thymian, Essig und Honig zugeben. Etwas einköcheln. Die Chicoréeblätter darin kurz andünsten.
5. Fleisch würfeln, durch die mittlere Scheibe des Fleischwolfs drehen, würzen. Daraus 4 Patties formen, mit Öl bestreichen. In einer heißen Grillpfanne je Seite 2–3 Minuten braten. Käse auf die Patties verteilen, anschmelzen lassen. Zum Servieren die Buns aufschneiden. Unterseiten mit karamellisierten Zwiebeln, Patties und Chicorée belegen, Bun-Oberseiten daraufsetzen. Pflaumensauce zum „dunken" (tief eintauchen) dazureichen.

Zubereitungszeit: ca. 1:20 Stunden (plus Warte- und Backzeit)

SHEPHERD'S PIE MIT RAGOUT VOM PULLED LAMB

ZUTATEN für 4–5 Portionen

2 TL edelsüßes Paprikapulver
Meersalz
200 ml Olivenöl
4 Haxen vom Walisischen Lamm (à ca. 500 g)
1 kleine Fenchelknolle
2 Möhren, 2 Zwiebeln
2 mittelgroße Tomaten
2 Lorbeerblätter
2 Zweige Rosmarin, 5 Stiele Thymian
200 ml trockener Rotwein
400 ml kräftiger Lammfond (selbst gekocht oder aus dem Glas)
2 EL brauner Zucker
700 g mehligkochende Kartoffeln
100 g Hartkäse (z. B. Parmesan)
etwa 350 ml Milch
Pfeffer aus der Mühle
geriebene Muskatnuss
je 2 Stiele Minze und Petersilie
1 Knoblauchzehe

1. Den Backofen auf 180 Grad Ober- und Unterhitze vorheizen. Paprikapulver, 1 TL Meersalz und 3 EL Olivenöl verrühren. Haxen abwaschen, gründlich trocken tupfen und mit der Mischung einreiben.

2. Fenchel und Möhren putzen, fein würfeln. Zwiebeln abziehen, grob hacken. Tomaten waschen, putzen und würfeln. 4 EL Olivenöl in einem Bräter erhitzen, die Haxen darin rundum kräftig anbraten. Gemüse, Lorbeer, Rosmarinzweige und 3 Thymianstiele zugeben und mitbraten. Wein, Lammfond und Zucker verrühren und über die Haxen gießen. In den heißen Backofen schieben und ca. 2 Stunden weich schmoren.

3. Währenddessen Kartoffeln waschen, in kochendem Salzwasser 25–30 Minuten weich garen. Käse reiben. Kartoffeln abgießen, ausdampfen lassen. Kartoffeln fein zerstampfen, dabei nach und nach so viel Milch zugießen, dass ein feines Püree entsteht. Käse unterrühren und mit Salz, Pfeffer und Muskat abschmecken.

4. Für das Kräuteröl übrige Kräuter abwaschen, trocken schütteln und abzupfen. Knoblauch abziehen, hacken und mit Kräutern und 100 ml Öl pürieren.

5. Lammhaxen aus dem Ofen nehmen, Fleisch von den Knochen zupfen. Lorbeerblätter aus der Sauce entfernen. Lammfleisch in eine Auflaufform geben. Schmorfond untermengen, mit Salz und Pfeffer abschmecken. Den Backofengrill auf mittlere Temperatur vorheizen. Kartoffelstampf auf dem Lammfleisch verteilen. Unter dem heißem Backofengrill goldbraun backen.

6. Shepherd's Pie mit Kräuteröl beträufeln und servieren.

Zubereitungszeit: ca. 40 Minuten (plus ca. 2 Stunden Schmorzeit)

BAUERNBROT MIT LAMM UND SALSA

ZUTATEN für 6 Portionen

je 1 rote und gelbe Paprikaschote
2 kleine Auberginen
2 Zucchini
2 TL getrockneter Oregano
ca. 120 ml Olivenöl
4 Stiele Thymian
Meersalz
Pfeffer aus der Mühle
4 Stücke ausgelöster Lammrücken (à ca. 300 g; Lammlachs, vom Walisischen Lamm)
1 Knoblauchzehe
1 EL Butter
3 EL Balsamico-Essig
6–8 Scheiben Bauernbrot
4 Stiele Minze
Schale von ½ Bio-Zitrone

1. Den Backofen auf 220 Grad Ober- und Unterhitze vorheizen. Gemüse putzen, waschen und abtropfen lassen. Das Gemüse grob würfeln. Mit Oregano, 3 EL Olivenöl und Thymian in einer Schüssel mischen. Mit Salz und Pfeffer würzen. Gemüse auf einem mit Backpapier belegten Backblech verteilen. Im heißen Backofen ca. 25 Minuten rösten.
2. Während das Gemüse gart, das Lammfleisch trocken tupfen. Knoblauch abziehen und halbieren. 2 EL Olivenöl in einer Pfanne erhitzen. Lammfleisch darin bei starker Hitze rundum ca. 2 Minuten kräftig anbraten. Knoblauch und Butter zugeben und kurz durchschwenken.
3. Das Fleisch mit Salz und Pfeffer würzen, in eine flache Auflaufform geben und zugedeckt warm stellen. Den Bratensatz in der Pfanne mit Essig ablöschen, dann über das Fleisch träufeln.
4. Gemüse aus dem Backofen nehmen, etwas abkühlen lassen. Die Backofentemperatur auf 120 Grad reduzieren. Die Lammlachse im Ofen weitere ca. 5 Minuten gar ziehen lassen.
5. Das Brot mit restlichem Öl bepinseln und in einer heißen Grillpfanne von beiden Seiten knusprig rösten. Auf Küchenpapier kurz abtropfen lassen.
6. Das geröstete Gemüse fein hacken. Minze kalt abspülen, trocken schütteln, die Blätter abzupfen und fein hacken. Zitronenschale und Minze unter das Gemüse mischen, abschmecken. Die Gemüse-Salsa auf den Brotscheiben verteilen. Lammfleisch kurz ruhen lassen, dann aufschneiden und auf den Brotscheiben anrichten.

Zubereitungszeit: ca. 50 Minuten

LAMMKEULE MIT BATATEN UND GREMOLATA

ZUTATEN für 6 Portionen

Lammkeule
1 ausgelöste Lammkeule (etwa 2 kg; z. B. vom Walisischen Lamm), Meersalz, Pfeffer aus der Mühle, 150 g Weißbrot, 60 g schwarze Oliven (ohne Stein), 100 g Rauke, 3 Eier (Gr. M), 2 EL mittelscharfer Senf, Schale von 1/2 Bio-Zitrone, 3 EL Olivenöl

Süßkartoffeln/Bataten
4 kleine Süßkartoffeln (à ca. 150 g) Meersalz, 150 g Edelpilzkäse mit Blauschimmel, 8 Blätter Salbei, Meersalz, Pfeffer aus der Mühle

Gremolata
2 Knoblauchzehen, 1/2 Bund glatte Petersilie, Schale von 1/2 Bio-Zitrone

Salat
1 Bund Basilikum, Saft von 1/2 Zitrone, 200 ml Buttermilch, 1–2 EL Zucker, Meersalz, Pfeffer, 2 kleine Kopfsalate

Außerdem gewässertes Küchengarn

1. Den Grill auf ca. 180 Grad vorheizen. Lammkeule waschen, trocken tupfen und mit der ausgelösten Seite nach oben auf einer Arbeitsfläche ausbreiten. Das Fleisch leicht plattieren, mit Salz und Pfeffer würzen.

2. Für die Füllung Brot und Oliven fein würfeln. Rauke verlesen, waschen, trocken schütteln und hacken. Mit Eiern, Brot, Oliven, Senf und Zitronenschale vermengen. Mit Salz und Pfeffer würzen. Die Füllung auf dem Fleisch verteilen, leicht andrücken. Fleisch überklappen und mit Küchengarn verschnüren. Lammkeule auf dem Grill rundum knusprig braun anrösten. Dann die Keule indirekt geschlossen ca. 1:30 Stunden weitergaren.

3. Währenddessen Süßkartoffeln waschen und in kochendem Salzwasser ca. 20 Minuten garen. Für die Gremolata Knoblauch abziehen. Petersilie verlesen, waschen, trocken schütteln. Knoblauch und Petersilie hacken, mit der Zitronenschale vermengen.

4. Süßkartoffeln abgießen, kalt abschrecken und längs halbieren. Fruchtfleisch aus der Mitte mit einem Löffel herauslösen. Blauschimmelkäse zerbröseln. Salbei waschen, trocken tupfen und fein schneiden. Süßkartoffelfruchtfleisch, Käse und Salbei vermischen mit Salz und Pfeffer würzen. Mischung wieder in die Süßkartoffelhälften füllen.

5. Die Grilltemperatur auf 80 Grad reduzieren. Süßkartoffeln mit auf den Grill legen. Keule und Süßkartoffeln geschlossen weitere 30 Minuten fertig garen.

6. Inzwischen für den Salat Basilikum waschen, trocken schütteln und hacken. Mit Zitronensaft, Buttermilch und Zucker in ein hohes Gefäß geben und mit dem Pürierstab fein pürieren. Mit Salz und Pfeffer abschmecken. Salat putzen, waschen, abtropfen lassen und vierteln.

7. Fertige Keule vom Grill nehmen. Zum Servieren das Küchengarn entfernen. Fleisch mit Olivenöl bestreichen, Gremolata darauf verteilen. Mit Salat, Dressing und gefüllten Süßkartoffeln anrichten.

Zubereitungszeit: ca. 50 Minuten (plus 2:15 Stunden Garzeit)

GESCHMORTE SCHULTER MIT JOGHURT-DIP

ZUTATEN für 4–5 Portionen

Lammschulter
ca. 1,7 kg Lammschulter (z. B. vom Walisischen Lamm)
je 1 EL Koriander- und Fenchelsaat
3 TL Meersalz
1 TL Chiliflocken
2 TL edelsüßes Paprikapulver
4–5 kleine Stiele Thymian
2 kleine Bio-Orangen
400 ml trockener Weißwein

Dip
4 Stiele glatte Petersilie
300 g Sahnejoghurt
Schale von 1/2 Bio-Zitrone
1 TL Harissa-Paste (orient. Chilipaste)
Meersalz, Pfeffer aus der Mühle

Beilagen
3 Auberginen (à ca. 350 g)
Meersalz, Pfeffer aus der Mühle
2 TL Harissa-Paste
ca. 100 ml Olivenöl
800 g kleine Kartoffeln (z. B. Drillinge)
3–4 Stiele Thymian
1/2 Granatapfel

1. Den Backofen auf 180 Grad Ober- und Unterhitze vorheizen. Fleisch parieren, waschen und trocken tupfen. Koriander- und Fenchelsaat im Mörser fein zerstoßen, mit Meersalz, Chiliflocken und Paprikapulver vermischen. Lammschulter mit dem Gewürzmix einreiben, mehrmals mit spitzem Messer einstechen und die Thymianstiele in die Einschnitte stecken. Orangen heiß waschen, trocken reiben, in Scheiben schneiden und in einen großen Bräter geben. Die Lammschulter auflegen und Wein angießen. Zugedeckt im heißen Backofen ca. 3 Stunden schmoren.

2. Für den Dip Petersilie waschen, fein hacken. Joghurt mit Zitronenschale, Harissa-Paste und Petersilie verrühren. Mit Salz und Pfeffer abschmecken.

3. Für die Beilagen Auberginen waschen, längs halbieren. Das Fruchtfleisch kreuzweise ca. 1 cm tief einschneiden und mit Salz und Pfeffer würzen. Harissa und 5 EL Öl verrühren, die Schnittflächen der Auberginen damit bestreichen. Kartoffeln gründlich waschen, trocken reiben und mit 2 EL Öl und Thymian vermengen.

4. Nach etwa 2 Stunden Schmorzeit die Kartoffeln zur Lammschulter geben und alles offen bei gleicher Temperatur ca. 1 Stunde weiter schmoren. Etwa 30 Minuten vor Garzeitende die Auberginen mit in den Ofen geben.

5. Zum Servieren Granatapfelkerne auslösen. Lammschulter, Röstkartoffeln und Auberginen anrichten. Dip und Granatapfelkerne auf den Auberginen verteilen.

Zubereitungszeit: ca. 30 Minuten (plus ca. 3 Stunden Schmorzeit)

EIN HERZ FÜR LÄMMER

Was, Ihnen ist noch kein Walisisches Lamm zugelaufen? Mehr Infos und die besten Cuts bekommen Sie hier:

- → *walisischeslammundrind.de/bezugsquellen*
- → *kreutzers.eu*
- → *havelland-express.de*

FOTOS: ANDREAS REIMANN/747 STUDIOS; REZEPTE & FOODSTYLING: ALEXANDER VALVA UND TORSTEN SCHMIDT

GEO
GUTE REISE!
Eintauchen, vorfreuen, losreisen
GEO SAISON
APRIL 2021
ALLES AM FLUSS
HAMBURG
Auf Landgang bei der Schönsten im Norden
+78
TIPPS FÜR PERFEKTE TAGE AM WASSER
TRAUMREISE
Mit der Tochter 10 000 Kilometer durch Afrika
FRÜHLINGSTRIPS
Sizilien, Cornwall, Heidelberg – wo es jetzt schon grünt und blüht
GUTE AUSSICHTEN
Die besten Hotelfenster-Blicke
NEU
Mehr Umfang
MIT SPECIAL TAIWAN
Nimm mich mit!
Jetzt im Handel oder online unter shop.geo.de/reisen

MACH SPRITZ!

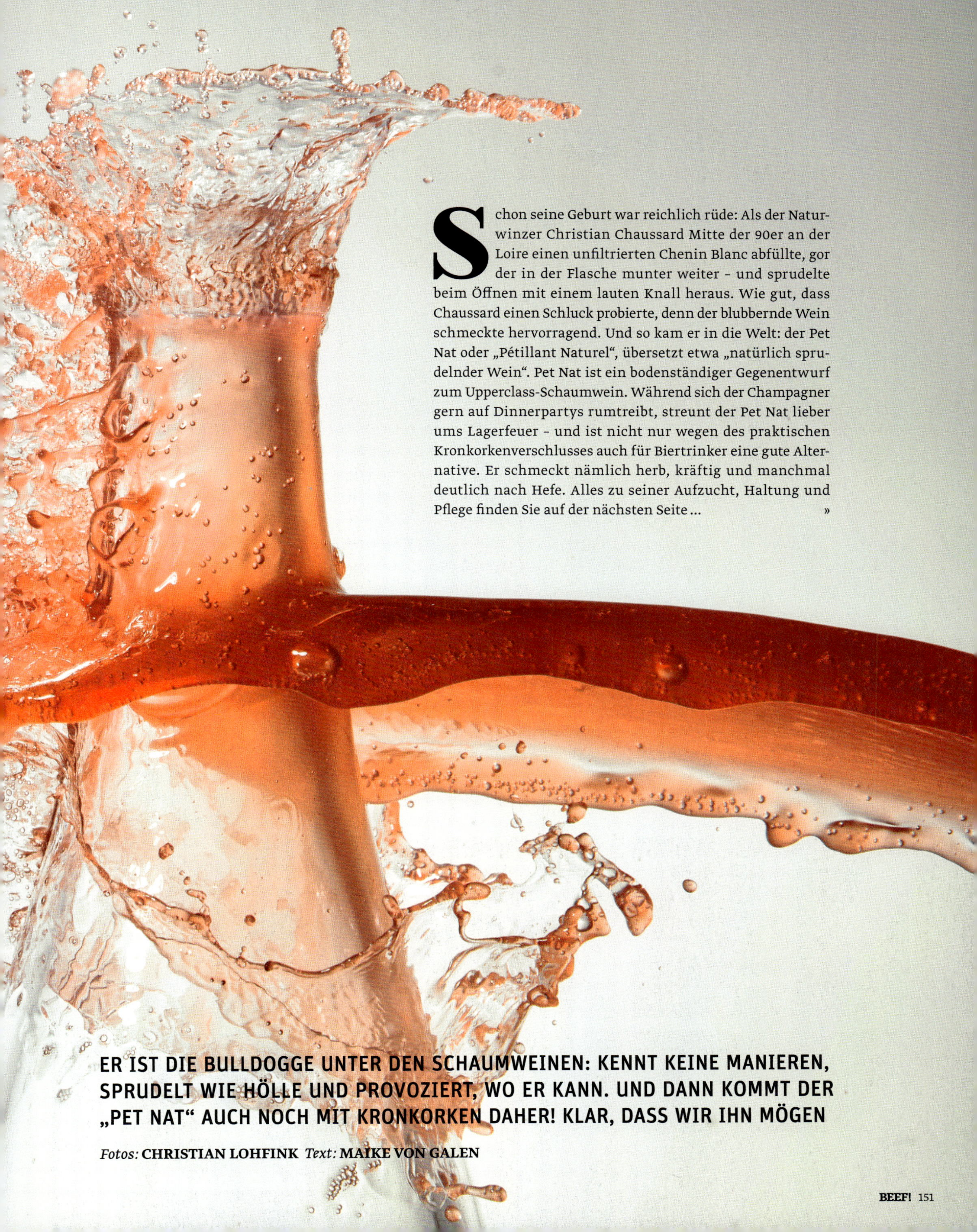

Schon seine Geburt war reichlich rüde: Als der Naturwinzer Christian Chaussard Mitte der 90er an der Loire einen unfiltrierten Chenin Blanc abfüllte, gor der in der Flasche munter weiter – und sprudelte beim Öffnen mit einem lauten Knall heraus. Wie gut, dass Chaussard einen Schluck probierte, denn der blubbernde Wein schmeckte hervorragend. Und so kam er in die Welt: der Pet Nat oder „Pétillant Naturel", übersetzt etwa „natürlich sprudelnder Wein". Pet Nat ist ein bodenständiger Gegenentwurf zum Upperclass-Schaumwein. Während sich der Champagner gern auf Dinnerpartys rumtreibt, streunt der Pet Nat lieber ums Lagerfeuer – und ist nicht nur wegen des praktischen Kronkorkenverschlusses auch für Biertrinker eine gute Alternative. Er schmeckt nämlich herb, kräftig und manchmal deutlich nach Hefe. Alles zu seiner Aufzucht, Haltung und Pflege finden Sie auf der nächsten Seite ... »

ER IST DIE BULLDOGGE UNTER DEN SCHAUMWEINEN: KENNT KEINE MANIEREN, SPRUDELT WIE HÖLLE UND PROVOZIERT, WO ER KANN. UND DANN KOMMT DER „PET NAT" AUCH NOCH MIT KRONKORKEN DAHER! KLAR, DASS WIR IHN MÖGEN

Fotos: **CHRISTIAN LOHFINK** *Text:* **MAIKE VON GALEN**

HALSBAND: Eine goldummantelte Agraffe, wie die Crémants und Champagner dieser Welt sie um den Flaschenhals tragen, braucht der Pet Nat nicht. Während für die klassischen Schaumweine fertige Grundweine durch die Zugabe von Zucker und Hefe eine zweite Gärung durchlaufen, kürzt der Pet Nat ab: Der Wein kommt schon während der ersten Gärung auf die Flasche. Und den Kronkorken, den der Champagner im Keller auch noch trägt, behält der Pet Nat einfach an.

CHARAKTER: Erinnert auf den ersten Blick an Apfelschorle, denn Pet Nat ist meist ein bisschen trübe. Wie viele Naturweine wird er weder gefiltert noch geschwefelt; ungeschminkt und natürlich kommt er auf die Flasche. Statt auf Reinzuchthefen setzt der Winzer auf Spontanvergärung und damit auf die Hefen, die die Natur den Trauben mitgibt. Auch das „Degorgieren", bei dem die abgestorbene Hefe aus dem Flaschenhals entfernt wird, sparen sich die meisten Pet-Nat-Winzer: So bleibt auf dem Flaschenboden oft ein krümeliger Rest zurück und beim Öffnen ist Vorsicht angesagt: Pet Nats schäumen gern über!

NAME: Pet Nat steht für Pétillant Naturel, also natürlich sprudelnd. Was in Szenebars in New York und Paris der neueste Schrei ist, beruht auf einer uralten Methode: Schon im 16. Jahrhundert gab es in Südfrankreich Weine, die über den Winter auf der Flasche weitergoren und beim Öffnen stark sprudelten: die Blanquettes de Limoux. Die „Méthode ancestrale", wie die erste Gärung auf der Flasche heißt (im Unterschied zur „Méthode traditionelle", der sich der Champagner bedient), wird auch beim Pet Nat angewandt – anders als die klassischen Blanquette-Winzer wollen Pet-Nat-Macher aber mit Traditionen brechen, neue Wege gehen. An einer Konvention kommen sie dabei nicht vorbei: Auch wenn sich der Pet Nat in Deutschland nur dann „Sekt" nennen darf, wenn die zuständige Aufsichtsbehörde es zulässt, Sektsteuer muss der Winzer immer zahlen: Die wird ab drei Bar Druck in der Flasche fällig.

DRESSUR: Möchte jemand eine Regel aufstellen? Der Pet Nat bricht sie bestimmt. Als Spielwiese junger Naturwinzer macht es sich der Schaumwein gerade in jeder Nische gemütlich, die er finden kann: rote und weiße Trauben zu einem Wein vermischen? Einfach mal ausprobieren! Da lässt sich auch für das Trinkgefäß keine Etikette aufstellen. Trink so, wie es dir am besten schmeckt, ruft der Pet Nat – nur schnell sollte man das Glas zur Hand haben, wenn der Kronkorken geöffnet wird. B!

FOTOS: CHRISTIAN LOHFINK FÜR BEEF!

1. DER EINFACHE
Schmelzig, erfrischend, nicht zu sauer: Beim Opp Nat 2019 von dem biozertifizierten Weingut Carl Koch kommt 100-prozentiger Riesling in die Flasche. Ein guter Aperitif – und der ideale Einstieg für alle Pet-Nat-Neulinge.
11,5 % Vol., 0,75 l, ca. 16 Euro, über la-vincaillerie.de

2. DER RUSTIKALE
Nachwuchswinzer Joscha Dippon keltert im württembergischen Schlossgut Hohenbeilstein einen unkonventionellen, feinprickelnden Perlwein: Der Pet Nat 2019 ist ungeschwefelt und unfiltriert, mit klarer Hefenote und viel Spritzigkeit.
12 % Vol., 0,75 l, ca. 15 Euro,
über schlossgut-hohenbeilstein.de

3. DER VERSPIELTE
Man muss schon ein bisschen verrückt sein, um Portugieser und Silvaner zu einem Pet Nat zu kreuzen. Max Dexheimer vom Weingut Walldorf hat sich getraut – mit überraschendem Ergebnis: Sein Pet Nat 2019 sieht aus wie Aperol Spritz und schmeckt nach Waldfrüchten und Erdbeeren, dazu klare Hefenoten. *10,5 % Vol., 075 l, ca. 17 Euro,*
über la-vincaillerie.de

4. DER KUSCHELIGE
Die französische Winzerin Muriel Zoldan keltert nördlich von Toulouse im Weingut Domaine Antocyâme erfolgreich Naturweine. Ihren Pet Nat „Du Raisin à la lune 2019“ aus 100 Prozent Merlot-Trauben verkauft sie mit sechs verschiedenen Etiketten. Er hat Restsüße, passt perfekt zum Dessert – geht aber auch als Aperitif durch.
10,5 % Vol., 0,75 l, ca. 17 Euro, über la-vincaillerie.de

5. DER KUMPEL
Der Bulle 2016 (sprich Büll, zu Deutsch: „Schaumblase“) ist ein Pet Nat für alle, die am liebsten Bier trinken: Herb und kräftig. Michael Teschke vom Weingut Teschke vergärt dafür Müller-Thurgau, Weißburgunder und Frühburgunder in der Flasche. *11 % Vol., 0,75 l, ca. 16 Euro,*
über la-vincaillerie.de

6. DER UNGESTÜME
Die BrandBros, wie sich die Brüder Daniel und Jonas vom Weingut Brand nennen, haben mit dem Pet-Nat Rosé 2018 aus Pinot Noir und Portugieser-Trauben einen kernigen Schaumwein hingekriegt. Er riecht nach Erdbeeren und Hefeteig, beim Öffnen auch gern mal ein bisschen muffig. Doch das „Reduktions-Stinkerl“ verfliegt schnell – zurück bleibt eine straffe Säure. *10 % Vol., 0,75l, ca. 17 Euro,*
über la-vincaillerie.de

7. DER EHRLICHE
Einer für Puristen: Der Pet Nat Dion 2019 des Österreichers Georg Schmelzer ist weder gepresst noch gepumpt, gefiltert oder geschwefelt. Ein kräuteriger Schaumwein mit klarer Säurekante und leichter Salzigkeit – passt gut zu Austern und Meeresfrüchten. *12 % Vol., 0,75 l, ca. 16 Euro,*
über la-vincaillerie.de

EIN MANN & SEINE KÜCHE: SERIE, TEIL 52

DER KÜCHEN-CHEF

TV-Produzent Markus Heidemanns ist der Mann, dem Schuhbeck und Co. vertrauen – er weiß, wie man große Kochshows macht. Aber seine Rouladen sind auch nicht schlecht

Fernsehballett: In seiner Küche wirkt Markus Heidemanns vor den freigelegten Backsteinwänden wie ein leichtfüßiger Traumtänzer – doch der Eindruck täuscht. Zu Hause geht er gerne barfuß, einfach weil's am bequemsten ist. Und im TV-Studio legt er für Starköche wie Johann Lafer, Alfons Schuhbeck und Cornelia Poletto die Marschrichtung fest

Fotos: **UWE BÖHM** *Text:* **STÉPHANIE SOURON**

Er kennt sie alle: den Johann, den Alfons, den Steffen. Den Tim, die Cornelia, den Nelson. Er hat so viele Stunden mit ihnen zusammen gekocht, dass ihm viele ihrer Tricks und Ticks vertraut sind. Er war in ihren Sterne-Restaurants essen und trinken, ist mit ihnen auch privat befreundet. Sogar Geburtstagsgeschenke hat er schon von den Fernsehköchen bekommen: Steffen Henssler und Frank Rosin etwa überreichten ihm zum 46. zwei große Buchstaben, die Initialen seines Namens. „Fand ich eine super Idee", sagt Markus Heidemanns. Er hat das „M" und das „H" gut sichtbar auf die Kühlschränke gestellt. Damit jeder weiß, wer in der Küche Regie führt.

Markus Heidemanns, 56, produziert seit mehr als 15 Jahren erfolgreich Talk- und Kochshows, „Markus Lanz" etwa, „Lafer! Lichter! Lecker!", „Topfgeldjäger" oder „Die Küchenschlacht". Dass man ihn nicht auf der Straße erkennt, liegt an seiner Position: Während die Sterne-Köche im Scheinwerferlicht brutzeln, sitzt er als Geschäftsführer der Firma „Fernsehmacher" eher im Schatten der Kameras.

Auch in seiner eigenen Küche im Hamburger Viertel Rotherbaum hält sich Heidemanns lieber im Hintergrund. „Ich bin kein Show-Koch", sagt er. Ruhm und Ehre sind ihm beim Kochen nicht wichtig. Aber schmecken muss es, „vor allem mir selbst". Und große Portionen müssen her. „Reichlich machen, und den Rest gibt's morgen", lautet seine Devise. Aber oft bleibt gar nichts übrig von den großen Portionen. Denn Heidemanns lädt gerne Menschen zu sich nach Hause ein: Am Wochenende sind gern mal ein Dutzend Gäste im Hause Heidemanns. „Dann stehe ich schon mal zehn oder zwölf Stunden in der Küche und koche", sagt Heidemanns.

Jetzt steht er gerade barfuß in seiner Küche an einer riesigen Arbeitsplatte aus Marmor, eine Wucht von 3,50 mal 1,30 Metern, um die sich ein Band aus verkupferten Stahlträgern zieht. Fünf Handwerker waren nötig, um die Platte auf den Küchenblock zu hieven. Auch das Loch für den Bora-Herd in den Marmor zu sägen, war Schwerstarbeit. Aber es musste sein. Johann Lafer hatte ihm den Tipp dafür gegeben, „wegen des Dunstabzugs". Denn zu dem Bora-Herd gehört auch ein »

1 Abhängen mit Stiel: Die meisten Töpfe stammen von Le Creuset und dem spanischen Hersteller Bra, die Wandkacheln aus New Yorker Loftwohnungen **2** Director's Cut: Heidemanns schnippelt und kocht am liebsten entspannt für sich alleine. Micky Maus darf ihm allerdings über die Schulter sehen

3 Fankurve: Die verkupferte Armatur von Waterworks und der Totenkopf von St.Pauli sind Heidemanns' Spülkameraden **4** Gastgeschenk: Die Initiale auf den Miele-Kühlschränken hat er von Steffen Henssler und Frank Rosin **5** Löschzug: Bei der Weinqualität wird nicht gegeizt

6 Hunde-Kuchen: Eine Mischung aus „Darth Vader und Snoopy" bewacht das Gebäck und die Vitrine mit dem Hutschenreuther-Geschirr

integrierter Kochfeldabzug, ein Glanzstück der Ingenieurskunst: Anstatt Küchengerüche lautstark nach oben abzusaugen, inhaliert der Bora-Abzug sie dezent von der Seite und leitet sie dann nach unten ab. Der Effekt sei überzeugend, sagt Heidemanns. Aber fast noch mehr begeistert ihn die Optik: „Dieser Abzug verschandelt mir nicht die Küche."

Das ist ihm wichtig. Denn Heidemanns' offene Küche ist ein Unikat, ein fein abgestimmter Mix aus hochwertigen Geräten, kitschigen Kunstobjekten und außergewöhnlichen Materialien. Das fängt bei den Wänden an: Eine davon ist freigelegt und gibt das 130 Jahre alte Mauerwerk der Hamburger Villa frei. An einer anderen hängen Blechkacheln aus verschiedenen New Yorker Loftwohnungen. Die hat Heidemanns zusammen mit seiner Frau Estefania auf der Designmesse „Maison & objet" in Paris entdeckt – und gleich im großen Stil eingekauft. Jetzt zieren sie bei Heidemanns nicht nur die Küche, sondern auch – entlackt und dunkelgrau bemalt – das Schlafzimmer. Auch viele andere Elemente aus der Küche finden sich im Haus wieder. Die Totenköpfe zum Beispiel, Relikte aus Heidemanns' Zeit als Punkrocksänger und ein Zeichen seiner Verbundenheit zum FC St. Pauli. Einen trägt er am kleinen Finger. Ein Duplikat davon hat seine Frau von ihm zur Verlobung bekommen. Ein Symbol nicht ganz ohne Risiko. „Aber sie fand es cool", sagt Heidemanns.

Seine Frau ist Interior-Designerin und hat ein Händchen dafür, „was zusammenpasst und schön aussieht", erklärt Heidemanns. Bei der Einrichtung des Hauses hat er ihr deshalb freie Hand gelassen. Nur „ein paar kleine Impulse" in der Küche, die kommen von ihm. „Oder sagen wir: von uns beiden." Zum Beispiel der alte in die Wand eingelassene Küchenschrank. Der hat beim Einzug ein neues Innenleben bekommen und beherbergt jetzt das Hutschenreuther-Geschirr, ein Geschenk von Heidemanns' Mutter. Das Silberbesteck war ein Flohmarktfund. „Ich kaufe meistens nach Auge, nicht nach Plan", sagt er. So kam auch der rote Hund, „eine Mischung aus Darth Vader und Snoopy", zu ihm in die Küche. Die Töle, ein Werk des Künstlers Michel Soubeyrand, sei ihm auf der Pariser Messe „zugelaufen".

Bei dem großen Küchentisch aus Eiche hat sich Heidemanns allerdings Zeit gelassen und ihn vom Hamburger Holzwerk nach Maß anfertigen lassen: 14 Menschen haben an der Tafel Platz, „oder auch 16, wenn man ein bisschen zusammenrückt". Für die kocht er dann südfranzösische Bouillabaisse, italienisches Ossobuco, deutsches Gulasch oder gerne auch Rouladen. Die Rezepte dafür hat Heidemanns alle im Kopf. „Ich weiß, was gut funktioniert", sagt er. Und damit niemand aufs Essen warten muss, gibt es in seiner Küche viele große Töpfe von Le Creuset und Bra – und ein zweites Kochfeld, ebenfalls von Bora.

Auch die beiden Kühlschränke von Miele sind eine große Nummer. Mit den Lebensmitteln darin könnte man wahrscheinlich eine ganze Fußballmannschaft versorgen. Für »

Heidemanns hätten es auch kleinere Modelle getan. „Aber meine Frau braucht immer ausreichend Essen im Haus, sonst wird sie unruhig“, sagt Heidemanns und lacht. Er lässt sie machen, auch wenn sie freitags regelmäßig den halben Isemarkt leer kauft, damit am Wochenende genügend Vorräte im Haus sind. Hinterher geht er trotzdem noch mal zu Edeka und deckt sich mit Fleisch und Wurst nach seinen Vorstellungen ein. „Ich will die Zutaten sehen, bevor ich damit koche“, sagt er.

Er hält eben gerne alle Fäden in der Hand, genau wie im Job. Wenn ihm jemand beim Kochen helfen will, schickt er ihn weg. „Für mich ist Kochen Entspannung, da bin ich gerne allein. Wenn ich 20 Rouladen rolle, hat das auch etwas Meditatives“, erklärt er. Einmal war ein Gast besonders hartnäckig mit seiner Hilfsbereitschaft, den hat Heidemanns das Baguette schneiden lassen. „Und prompt hat er sich fast den Finger abgehackt, sodass ich ein Blutbad in der Küche hatte.“ Seitdem lässt er niemanden ran. Nur die drei Kinder, fünf, sieben und 15 Jahre alt, dürfen jederzeit assistieren.

Die 20 Rouladen schafft er tatsächlich ganz locker alleine. Die Rindfleischstücke hat er schon vor sich ausgebreitet und ordentlich gesalzen und gepfeffert. Jetzt streicht er mit dem Messer scharfen Dijon-Senf darauf, legt zwei Scheiben Schinkenspeck darüber und sechs bis acht längst geviertelte Cornichons. Dann rollt er die Rouladen zusammen und pikst kleine Holzspieße hinein. „Ich bin überzeugter Stecker“, sagt Heidemanns. Rouladen mit Küchengarn zusammenzuhalten, sei ein Unding, findet er. „Das gibt nur Schweinerei auf dem Teller.“

Anschließend gibt er Butterschmalz in den XL-Bräter von Miele, eines seiner Lieblingsstücke in der Küche. „20 Rouladen haben darin Platz“, sagt er begeistert. Als sie rundherum braun sind, nimmt Heidemanns sie raus und brät im Sud Knoblauch, Zwiebel, Staudensellerie und Karotten scharf an. Dazu kommt Tomatenmark und ein paar Chilis, „Ich mag es gut gewürzt“, sagt er und löscht großzügig mit Rotwein ab. Der Kochwein ist bei Heidemanns auch der Trinkwein, Fusel kommt ihm nicht ins Essen. Aber übermäßig teure Tropfen auch nicht, einen Weinkeller mit Raritäten besitzt er nicht. „Wir sind eher Trinker als Sammler“, sagt er und muss selbst lachen, als er dem Satz nachhört. Über das Gemüse gibt er jetzt den Fond, ausnahmsweise aus dem Glas. Sonst macht er alle Fonds und Brühen selbst. Auch das im großen Stil, klar.

Die Rouladen würzt er jetzt noch mal ordentlich mit Salz und Pfeffer und gibt ein paar Lorbeerblätter dazu, dann kommen sie für zwei Stunden in den Ofen. Heidemanns freut sich schon darauf. „So etwas bekommt man im Restaurant ja heutzutage nicht mehr“, sagt er. Und was ist sein Lieblingsgericht? Heidemanns lacht. „Ein schönes Abendbrot mit frischem Sauerteigbrot, Katenschinken, Leberwurst und Cornichons“, sagt er. Vor ein paar Jahren hat er mal Horst Lichter zu so einem Abendbrot eingeladen. Es war ein herrlicher Abend mit guten Gesprächen und zwei Flaschen Rotwein. „Horst schwärmt heute noch davon“, sagt Heidemanns. Dabei hat der Horst noch gar nicht seine Rouladen probiert. B!

1

1 Nischendasein: Champagner und Likör stehen und liegen griffbereit neben dem Esstisch **2** Frühstücks-TV: Der Siebträger von Rocket liefert den Koffeinkick, der Smeg-Toaster die Kohlenhydrate **3** Stichwort: Das Messer hat Heidemanns geschenkt bekommen – „Möge dein Verstand immer so scharf bleiben wie dieses Messer“ ist in die Klinge graviert

2

3

Schwarz-weiße Messe

Warnung! Sie werden vom Glauben abfallen – und all Ihre Freunde zum Sellerie bekehren. Die weiße Knolle weckt plötzlich finstere Gelüste und verführt mit Kaviar, schwarzen Tagliatelle, Trüffeln und Tintenfisch

Fotos: **FLORIAN BONANNI** *Rezepte & Foodstyling:* **JENS HILDEBRANDT**

Gegrillter Asia-Sellerie MIT KOKOS-ZITRONENGRAS-DRESSING

DIE AROMA-SUPERNOVA: WÜRZIG-KROSS TRIFFT SÜSSSAUER. REZEPT SEITE 170

Black-Astoria-Sellerie MIT SCHWARZEN NÜSSEN, PUMPERNICKEL UND KAVIAR

DER KLASSIKER ERFINDET SICH NEU: WALDORFSALAT ALS DUNKLER RITTER. REZEPT SEITE 170

Sellerie im Salzbett MIT SCHWARZER KNOBLAUCH-OLIVEN-TAPENADE

WER LICHT INS DUNKEL BRINGEN WILL, MUSS MIT DEM HAMMER RAN! REZEPT SEITE 171

DUN
LUS

Sellerie-Carpaccio MIT SCHWARZEM SALZ UND TRÜFFELN

... UND GEKOCHT IN MILCH UND WEISSWEIN. REZEPT SEITE 171

Sellerie-Ragout MIT SCHWARZER PASTA UND CALAMARETTI

DIE WÜRFEL SIND GEFALLEN: SELLERIE AUF SEPIA-TINTE. REZEPT SEITE 171

Gegrillter Asia-Sellerie

ZUTATEN für 4 Portionen

2 Knollen Sellerie (à ca. 900 g), 1 EL Sesam, 1 EL Kümmel, 100 ml Rapsöl, 1 Stange Zitronengras, 200 ml Kokosmilch (Dose), 100 g Kokosöl, 50 g Kokosflocken, Meersalz, 1 TL gemahlener Ingwer

Außerdem: Holzkohle oder Briketts für den Grill

1. In einem großen Grill reichlich Holzkohle oder Briketts zu einer dicken Glutschicht mit feiner Ascheauflage brennen. Sellerie putzen, waschen und kräftig abbürsten. Die Knollen mit etwas Abstand zueinander mittig in die Glut setzen, zusätzlich mit Kohlestücken belegen. Den Sellerie so etwa 1:30 Stunden rösten.
2. Sesam und Kümmel in einer Pfanne ohne Öl duftend anrösten. Etwas abkühlen, das Rapsöl aufgießen und alles auskühlen lassen. Öl dann pürieren und durch ein sehr feines Sieb gießen.
3. Vom Zitronengras das holzige Ende und die äußeren Blätter entfernen. Stange längs halbieren und die Hälften mit einem schweren Messer oder Plattiereisen flach klopfen. Kokosmilch und Zitronengras kurz aufkochen, dann abkühlen lassen. Kokosmilch passieren, mit Kokosnussöl zu einem cremigen Dressing verquirlen. Kokosflocken fein hacken. Dressing mit Salz und Ingwer abschmecken und die Kokosflocken zugeben.
4. Sellerie aus der Glut heben, etwas abkühlen lassen, dann umhüllende Asche sacht abbürsten. Die Knollen aufbrechen, mit Dressing, Aromaöl und nach Belieben zusätzlichen Kokosflocken anrichten.

Zubereitungszeit: ca. 25 Minuten (plus Anheiz- und 1:30 Stunden Garzeit)

Black-Astoria-Selleriesalat

ZUTATEN für 4 Portionen

1 Knolle Sellerie (900 g), 2 säuerliche Äpfel (ca. 200 g; z. B. Boskop), 2 Bio-Zitronen, Meersalz, etwas Zucker, 30 ml Milch (zimmerwarm), 50 ml mildes Walnussöl, 50 ml neutrales Pflanzenöl (z. B. Maiskeimöl), 200 g Pumpernickel, 2–3 EL Olivenöl, Pfeffer aus der Mühle, 8 schwarze Nüsse (unreif geerntete, in Sirup eingelegte Walnüsse; etwa online über die-geniessermanufactur.de), 100 g Kaviar (Sorte nach Geschmack)

1. Sellerie putzen und schälen. Sellerie zunächst in dünne Scheiben, dann in feine Streifen schneiden. Äpfel waschen, trocken reiben, entkernen und ebenfalls in feine Streifen schneiden.
2. Zitronen heiß waschen, trocken reiben und etwas Schale fein abreiben. Den Saft auspressen. Sellerie- und Apfelstifte, 3–4 EL Zitronensaft und 2 großzügige Prisen Salz und Zucker gut durchmischen. Mindestens 5 Minuten ziehen lassen.
3. Milch, Öle und 1 Prise Salz in einen hohen, schmalen Mixbecher geben. Einen Pürierstab einstellen, einschalten und alles kräftig durchmixen, bis eine dickliche Creme entsteht.
4. Pumpernickel zerbröseln, mit etwas Öl in einer Pfanne sacht rösten, fein salzen.
5. Marinierte Sellerie- und Apfelstreifen eventuell leicht ausdrücken. Creme untermischen. Salat mit Salz, Pfeffer und etwas Zucker abschmecken. Nüsse abtropfen lassen, fein schneiden und unter den Salat mischen. Selleriesalat, Kaviar und Pumpernickel anrichten.

Zubereitungszeit: ca. 45 Minuten

FOTOS: FLORIAN BONANNI; REZEPTE & FOODSTYLING: JENS HILDEBRANDT/BLUEBERRY FOOD STUDIOS FÜR BEEF!

Sellerie im Salzbett

ZUTATEN für 4 Portionen

Sellerie: 2 Knollen Sellerie (à ca. 900 g), 2 kg Meersalz, 6 Eiweiß (Gr. M)

Tapenade: 80 g schwarzer Knoblauch in Schale (fermentierte Knoblauchknollen; z. B. online über bosfood.de), 100 g schwarze Oliven (ohne Stein), 50 ml natives Olivenöl, 3 EL Weißweinessig, Pfeffer aus der Mühle, Meersalz

1. Sellerie gründlich waschen und trocknen. Salz und Eiweiße in eine große Schüssel geben und ca. 1 Minute gründlich verrühren.
2. Den Backofen auf 200 Grad Ober- und Unterhitze vorheizen. Für die Knollen auf einem mit Backpapier belegten Backblech aus der Salzmasse mit Abstand zueinander zwei Sockel formen. Unterseite der Kollen ggf. gerade schneiden, die Knollen aufsetzen, dann vollständig mit der Salzmischung umhüllen. Sellerie im heißen Backofen ca. 1:45 Stunden backen.
3. Inzwischen 40 g Knoblauch schälen. Oliven und Knoblauch grob hacken, mit Öl und Essig verrühren. Mit Pfeffer und eventuell noch etwas Salz abschmecken.
4. Das Blech aus dem Ofen nehmen, Sellerie etwas abkühlen lassen. Dann die Salzkruste mit einem stabilen Sägemesser ansägen oder mit einem kleinen Hammer anschlagen. Sellerie vorsichtig aus den Krusten lösen. Knollen nach Belieben schälen oder halbieren und auslöffeln. Sellerie, Oliven-Tapenade und übrigen Knoblauch in Stückchen anrichten.

Zubereitungszeit: 30 Minuten (plus 2 Stunden Gar- und Wartezeit)

Sellerie-Carpaccio mit Trüffel

ZUTATEN für 4 Portionen

Carpaccio: 1 Knolle Sellerie (1 kg), 8 Kapseln Kardamom, 6 EL Honig (z. B. Waldhonig), 12 Stiele Thymian, Meersalz, 500 ml Weißwein, etwa 500 ml Milch

Vinaigrette: 6 EL gereifter Balsamico-Essig, 7 EL mildes Haselnussöl, 2 EL milder Weißweinessig, 1 EL naturtrüber Apfelsaft, Meersalz, Pfeffer aus der Mühle

Außerdem: 40 g frische schwarze Trüffel, schwarzes Salz (Kala Namak)

1. Sellerie putzen und gründlich waschen. Kardamom im Mörser anstoßen und mit Honig, Thymian, der Sellerieknolle und etwa 1½ TL Salz in einen Topf geben. 1 l Wasser angießen, mit Wein und so viel Milch auffüllen, dass die Knolle bedeckt ist. Aufkochen lassen und zugedeckt ca. 1:20 Stunden bei mittlerer Hitze köcheln lassen, bis die Knolle gar ist. Sellerie abtropfen und vollständig auskühlen lassen.
2. Balsamico, Nussöl, Weißweinessig und Apfelsaft zu einer Vinaigrette verquirlen und mit Salz und Pfeffer abschmecken. Sellerie schälen und mit dem Gemüsehobel oder einer Aufschnittmaschine in hauchdünne Scheiben schneiden. Die Scheiben auf 4 Teller verteilen und mit der Vinaigrette beträufeln.
3. Trüffel vor dem Anrichten fein darüberhobeln. Mit schwarzem Salz bestreuen und servieren.

Zubereitungszeit: ca. 20 Minuten (plus 1:20 Stunden Gar- und Auskühlzeit)

Sellerie-Ragout mit schwarzer Pasta

ZUTATEN für 4 Portionen

Nudelteig: 480 g Hartweizengrieß, 4 Eier (Gr. M), 30 g flüssige Sepia-Tinte, Meersalz

Ragout: 200 g Butter, 400 g Calamaretti (küchenfertig vorbereitet), 600 g Knollensellerie, 1 Zwiebel, 2 Knoblauchzehen, 100 ml Milch, 50 ml Schlagsahne, 12 g flüssige Sepia-Tinte, Meersalz, 150 g körniger Frischkäse, fermentierter Pfeffer (z. B. Kampot-Pfeffer)

1. Für den Teig Grieß, Eier, Sepia-Tinte und 1 Prise Salz geschmeidig glatt verkneten. Zugedeckt 1 Stunde ruhen lassen.
2. Butter klären, passieren. Calamaretti waschen, trocken tupfen. Sellerie und Zwiebel putzen und in Würfel schneiden. Knoblauch schälen, fein hacken. Mit Sellerie und Zwiebel in 4 EL Butter 20 Minuten zugedeckt dünsten. Milch und Sahne angießen, weitere ca. 5 Minuten köcheln. Hälfte Fond abgießen, auffangen, die Sepia-Tinte einrühren, abschmecken.
3. Frischkäse vorsichtig kalt spülen, bis das Wasser klar ist. Käse leicht salzen.
4. Nudelteig auf wenig Grieß zu dünnen Teigplatten (ca. 35 cm) ausrollen. Fein mit Grieß bestreuen, zugedeckt 10 Minuten antrocknen. Dann in ca. 5 mm breite Streifen schneiden. In reichlich stark gesalzenem Wasser portionsweise ca. 5 Minuten kochen. Pasta abtropfen lassen.
5. Rest Butter in großer Pfanne hoch erhitzen. Calamaretti darin kurz scharf anbraten. Nudeln und Sellerie zugeben, würzen. Calamaretti, Pasta, Sepia-Sauce, Käse und fermentierten Pfeffer anrichten.

Zubereitungszeit: 1 Stunde (plus 30 Minuten Wartezeit)

GESCHRIEBEN

1

2

3

4

❶ – EIN FASS AUFGEMACHT

Das letzte Heft war wieder einmal zum Niederknien. Durch die Bank nur Hammer-Rezepte! Und „Chillen con Carne" hat mich dazu inspiriert, mal wieder selbst Würste zu machen: So habe ich 15 Kilo Salsiccia gewurstet und einen Teil davon gleich in meinem Weinfass gesmoked ... lecker, lecker.

Christoph Peissinger per E-Mail

→ *VIELEN DANK! WAS IST DENN MIT DEN WÜRSTEN PASSIERT, FÜR DIE KEIN PLATZ MEHR IM SMOKER WAR?*

DER ALKOHOLFREUND

Ich war jahrelang Vorstandsvorsitzender der Firma Eckes, deshalb komme ich mit alkoholfreien Getränken nicht zurecht. Ich habe sie probieren müssen, es war fast ekelerregend. Wirklich eine Qual! Gin ohne Alkohol ist wie ein Auto ohne Benzin. Also ich glaube nicht, dass der alkoholfreie Gin lange überdauert.

Reinold M. Fries, per E-Mail

→ *DANKE FÜR IHRE ERFRISCHENDE RÜCKMELDUNG. DA DER NULL-ALKOHOL-TREND EIN SO GROSSER IST, WOLLTEN WIR UNS DEM THEMA NICHT VERSCHLIESSEN. PRIVAT STIMMEN WIR IHNEN ABER VOL.UMFÄNGLICH ZU.*

ENTZUGSERSCHEINUNG

Mit der Ausgabe „Back mit Hack" hat alles angefangen. Seitdem überlege ich, die Kücheninsel in eine Insel der Beef-Seligkeit zu verwandeln. Danke – auch im Namen meiner Frau! Denn aus meiner kleinen Halbvegetarierin wurde dank BEEF! eine Frau, die sich in ihren Schwangerschaften ein schönes T-Bone medium-rare mehr wünschte als alles andere.

Karsten Heinke, per E-Mail

→ *HURRA! WAS MACHEN DENN DIE KINDER?*

❷ – DER BAUMEISTER

Mit meinem besten Freund habe ich euren Spanferkelgrill nachgebaut. Nach circa sieben Stunden war das Schwein fertig gegrillt. Die Begeisterung war riesig, was sich anhand des Fotos sicherlich erahnen lässt.

Christof Jansky per E-Mail

❸ – ELEKTROWURST

Wegen der Pandemie war Urlaub nicht möglich, da habe ich das Geld in einen Grill investiert. Die Würste mache ich selbst und präsentiere die Gerichte auf meinem Instagram-Kanal e_grillerz. Ich möchte zeigen, dass man auch mit Elektrogrills richtig gut grillen kann und man nicht darauf verzichten muss, wenn man nur eine Mietwohnung mit Balkon hat.

Mike Steinweg via Instagram

BEWERBUNGSSCHREIBEN

Wo kann man sich eigentlich für „Ein Mann und seine Küche" bewerben? Ich frage natürlich nur für einen Freund ...

Lars via Instagram

→ *LIEBER LARS, „DEIN FREUND" KANN GERNE AN SOCIALMEDIA@BEEF.DE SCHREIBEN, DANN SCHAUEN WIR IHM MIT VERGNÜGEN IN DIE TÖPFE.*

AUFKLÄRUNGSUNTERRICHT

Danke BEEF! Mein Sohn (4 Jahre) weiß seit der letzten Ausgabe, wie Brüste aussehen. Ich weiß nicht, ob das gut oder schlecht ist. Außerdem musste ich ihm erklären, wieso die Frau im Heft gefesselt ist. Aber gut, was tut man nicht alles für die Erziehung.

Ruben via Instagram

❹ – AUSREISSER

→ *UNSERE LESER HABEN ES SOFORT GEMERKT: AUF DER „SAUSTARK"-AUSGABE WAR DAS RÜCKENTIER VERSCHWUNDEN! WO SICH DER WASCHBÄR VERSTECKT HAT, WISSEN WIR NICHT, WAR WOHL IM LOCK-DOWN. ABER PLÖTZLICH STAND ER WIEDER AUF DER MATTE. ZU SPÄT, BÄR! DEN HEFTRÜCKEN ZIERT JETZT SCHON JEMAND ANDERS. DOCH HIER BEKOMMST DU DEINEN GROSSEN AUFTRITT:*

Die Redaktion behält sich vor, Leserbriefe zu kürzen ... und Waschbären zu würzen.

FOTOS: PRIVAT

IMPRESSUM

APP, APP, HURRA!

Ab sofort grillen wir auch digital: BEEF! gibt es jetzt als E-Paper-App für iOS und Google – zum Lesen auf dem Smartphone oder dem Tablet. Integriert in die App ist eine praktische Volltextsuche für Themen und Rezepte in verschiedenen Ausgaben. Und günstig ist die App auch: 6-Monats-Abo 25,99 Euro, 12-Monats-Abo 48,99 Euro, Einzelausgaben (ab 2015) je 8,99 Euro, über apps.apple.com oder play.google.com

BEEF! REDAKTION

POSTANSCHRIFT
Redaktion BEEF!,
Brieffach 23, 20444 Hamburg,
Tel. 040-37037523, Fax 040-37035686,
E-Mail BEEF@guj.de,
Internet beef.de

SITZ DER REDAKTION
Am Baumwall 11, 20459 Hamburg

CHEFREDAKTEUR UND PUBLISHER
Jan Spielhagen

REDAKTIONSLEITUNG, PHOTO DIRECTOR UND PRODUKTION Monique Dressel

CREATIVE DIRECTOR Elisabeth Herzel

ARTDIREKTION Katharina Mechow

GRAFIK Almut Jehn

TEXTCHEFIN Wiebke Brauer

REDAKTION
Oliver vom Hofe, Matthias Mitteregger, Daniel Ramm, Stéphanie Souron

FOTOREDAKTION
Andrea Meinköhn (Assistenz BEEF! International)

SCHLUSSREDAKTION Andreas Sylla

REDAKTIONSASSISTENZ Laura Huwyler

MITARBEITER DIESER AUSGABE
Margherita Bettoni, Maike von Galen, Tom Heinzle, Michael Hoffmann, Klaus Mergel, Susanne Raht, Andrzej Rybak, Klaus Unkelbach

VERLAG
Gruner + Jahr GmbH
Sitz: Hamburg, Amtsgericht Hamburg
HRB 151939
Geschäftsführung: Julia Jäkel (Vorsitzende), Oliver Radtke, Stephan Schäfer

PUBLISHING MANAGER Sina Hilker

SALES DIRECTOR Astrid Schülke

HEAD OF BRAND PRINT + DIRECT SALES
Arne Zimmer

MARKETING MANAGER Renate Zastrow

KOMMUNIKATION/PR Andrea Kramer

HERSTELLUNG
Heiko Belitz (Ltg.), Inga Schiller-Sugarman

Verantwortlich für beef.de
G+J LIFESTYLE GMBH
Am Baumwall 11, 20459 Hamburg

LITHO
Peter Becker GmbH Medienproduktionen,
Bürgerbräu | Haus 09,
Frankfurter Straße 87, 97082 Würzburg

DRUCK
NEEF + STUMME GmbH, Schillerstr. 2,
29378 Wittingen

Verantwortlich im Sinne des Presserechts (V.i.S.d.P.) für den redaktionellen Inhalt: Jan Spielhagen, Am Baumwall 11, 20459 Hamburg; für den Anzeigenteil: Arne Zimmer, Ad Alliance GmbH, Am Baumwall 11, 20459 Hamburg

Es gilt die gültige Preisliste.
Infos hierzu unter ad-alliance.de

Beef! ISSN 1869 - 0467

eat-the-world is Unternehmen von Gruner + Jahr

Gruner + Jahr GmbH,
Druck- und Verlagshaus Hamburg

BEEF! ANZEIGEN

Informationen zu Anzeigenschaltungen unter
ad-alliance.de/beef

BEEF! ABONNEMENT

ABONNEMENT DEUTSCHLAND
BEEF! Abo-Service, 20080 Hamburg
Jahrespreis 72 € inkl. MwSt. u. frei Haus

ABO-KUNDENSERVICE
Tel. 040-55557809

PERSÖNLICH ERREICHBAR
Mo.–Fr. von 7:30–20 Uhr,
Sa. von 9–14 Uhr
E-Mail abo-service@guj.de
Internet beef.de

ABONNEMENT AUSLAND
Leserservice BEEF!, 20080 Hamburg,
Deutschland, Tel. +49/40-55557800,
Fax +49/1805-8618002, abo-service@dpv.de

JAHRESPREIS ÖSTERREICH
80,40 € inkl. MwSt. u. frei Haus

JAHRESPREIS SCHWEIZ
120 SFR inkl. MwSt. u. frei Haus

Preise im Ausland auf Anfrage

BEEF! EINZELHEFTBESTELLUNG

Bis auf Heft eins (1/2009), drei (2/2010), sechs (2/2011) und 21 (3/2014) sind noch alle BEEF!-Ausgaben erhältlich! Einzelne Hefte können Sie nachbestellen unter beef.de, per E-Mail unter heft-service@guj.de oder auch telefonisch unter **+49/40-55557809** (Mo.–Fr. von 7:30–20 Uhr). Anschrift: BEEF!-Kundenservice, 20080 Hamburg

Fragen zu Ihrem Abo und Heftbestellungen unter Tel. +49/40-55557809

DURCHGEDREHTE SPIESSE, GOLDENE KOHLE, GRILLS OHNE ENDE, WEIN MIT KNALL ➜ ALS BEEF!-MITARBEITER LEBT MAN IM EXTREM. DIESE VIER WOLLEN ES ABER AUCH NICHT ANDERS...

1. KLAUS MERGEL Der Journalist aus Oberbayern stieg nach der Geburt seines Sohnes von Holzkohle auf Gas um – damit er auf Knopfdruck ein schnelles Steak grillen konnte, wenn der Kleine schlief. Seit der Recherche für die 50 besten Grills hat er wieder eine neues Faible: Kompaktgrills – einer fährt jetzt in seinem Campervan mit ▶ **S. 40**

2. MAIKE VON GALEN Die Bonner Journalistin ist ein Multitalent: Sie schreibt für BEEF!, produziert aber auch regelmäßig Beiträge fürs Radio und Fernsehen. Insofern war sie als Autorin für unsere Geschichte über Pet Nats perfekt: Die natürlichen Schaumweine fordern alle Sinne heraus ▶ **S. 150**

3. BERND STEINGASS Der Hamburger Stylist und Requisitenbauer hat die „Awards" für die 50 besten Grills vergoldet und wirkungsvoll in Szene gesetzt. Holzkohle in Gold zu verwandeln war auch für ihn eine glänzende Erfahrung ▶ **S. 40**

4. KLAUS ARRAS Der Food-Fotograf aus Köln ist ein Tüftler, daher war er unsere erste Wahl für die Drehspieße. Er hat lange gebastelt: Jedes Foto ist eine Komposition aus vielen Einzelelementen – eben wie ein richtiger Drehspieß ▶ **S. 68**

FOTOS: PRIVAT

SEIT WANN MÜSSEN OSTEREIER RUND SEIN?

EDLE CUTS HINTER GLAS. EIN DREIER MIT WHISKY. STEAKS, BEI DENEN ALLEN DIE LUFT WEGBLEIBT. UND EIN WOLF, BEI DEM SICH JEDER GEHACKT LEGT. WIE MÄNNER WIRKLICH OSTERN FEIERN? DIE ANTWORT FINDET SICH IM BEEF-SHOP! ▸▸ beef.de/shop

PLAYSTATION
Der Vakuumierer V.300 Black von BEEF! und Lava schweißt was weg. Und tütet dabei nicht nur sicher Fleisch, Fisch und Gemüse ein, sondern schließt auch Fonds und Saucen verlässlich in sein Herz.
Preis: 499 Euro und supergünstige 639 Euro im Bundle mit dem Sous-vide-Stick LX.20

FOTOS: LANDIG + LAVA (4), FOODIST

KÖRBCHEN FÜR KERLE

Sie überlassen die Suche nach den Eiern lieber anderen und bevorzugen stattdessen ein gutes Glas Whisky in der Hand? Dann willkommen im Club: Für durstige Oster-Flüchtlinge haben wir einen eigenen Verein gegründet, den BEEF! Whisky Club. Die Mitglieder erhalten alle zwei Monate drei Testflaschen im Miniformat (50 ml).

Preis: je nach Laufzeit zwischen 14,90 Euro und 17,90 pro Box

ROHES NEST!

JOYSTICK

Niedrigtemperaturgaren wie die Profis: Das Fleisch würzen, einschweißen und ab ins Tauchbad. Mit dem BEEF! Sous-vide-Stick LX.20 kann nichts schiefgehen. Er bringt das Wasser exakt auf Temperatur und überwacht diese während des ganzen Garvorgangs.

Preis: 169 Euro

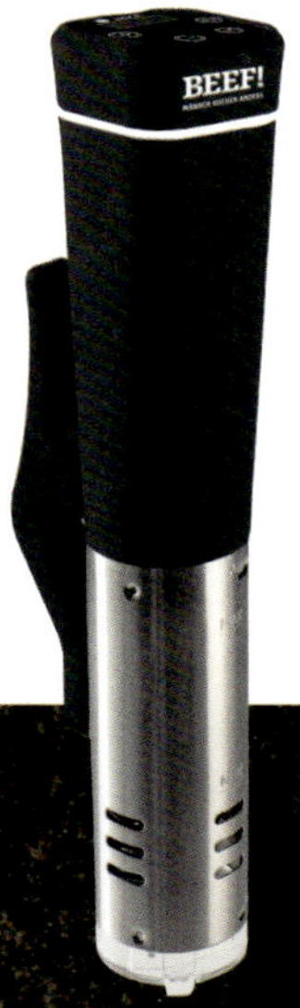

DRY DAYS FOR FUTURE!

Schenken Sie den besten Cuts mit dem Reifeschrank DX 1000 Premium von BEEF! und Landig + Lava ein langes Leben. Er kann auf Knopfdruck aber nicht nur Fleisch, Schinken und Salami durch Dry Aging veredeln, er reift auch Käse und dörrt Obst. Und dank des dimmbaren Beleuchtungskonzepts genießen Sie dabei immer beste Aussichten.

Preis: um 3595 Euro

JETZT HACKT'S

Es gibt Momente, die vergisst man nie: etwa wenn man dem Metzger des Vertrauens sagen muss, dass man das Hack ab sofort selber macht – mit dem Fleischwolf von BEEF! und CASO Design. 2000 Watt stark zerkleinert er alles, kann behutsam Würste füllen, und ultraleicht zu reinigen ist er auch noch. Der gute Mann wird den Tränen nah sein. Kaufen Sie ihm zum Trost einfach ein paar Kilo Fleisch mehr ab.

Preis: um 150 Euro

WÜRFELSPIELER

Die Jungs vom Kochklub haben sich spontan zum Gin Tonic eingeladen und stehen vor der Tür. Blick in den Tiefkühler: Schockstarre – kein Eis mehr da. Nicht mit dem IceMaster Pro: Der Eiswürfelbereiter produziert in nur sechs Minuten Nachschub und bis zu zwölf Kilo Eis binnen 24 Stunden. Partytime!

Preis: um 150 Euro

DURCHDREHEN VOR GLÜCK

Er kann Pesto. Er kann Gewürzmischungen. Er kann auch Longdrinks, und der Zerkleinerer liefert gleich noch das Crushed Ice dazu. Und selbst mit Kaffeebohnen wird der CASO-Standmixer B 1800 fertig. Unglaublich, dass man diesen Alleskönner einen Blender nennt…

Preis: um 110 Euro

LEUCHTTURM-PROJEKT

Nie mehr Trouble wegen der Temperatur im Weinschrank: Das BEEF!-Trio von CASO Design hat getrennt regelbare Zonen für Weiß- und Rotwein.

1| Der große „WinePremium“ schluckt 180 Flaschen. Damit meistern Sie jede Durststrecke!
Preis: 1699 Euro
Sonderpreis (bis 31.3.): 1529 Euro

2| Das kleine Modell nimmt 38 Flaschen auf. Sollte ausreichen, um sich Ostern schönzutrinken.
Preis: 899 Euro
Sonderpreis (bis 31.3.): 809 Euro

3| Der Mittelweg: Hier haben 126 Flaschen Platz. Perfekt fürs Wein-Tasting am Wochenende.
Preis: 1499 Euro
Sonderpreis (bis 31.3.): 1349 Euro

EISERNE RESERVE

GÖTTERDÄMMERUNG

Nachdem er die Welt erschaffen hatte, gönnte sich der große Boss einen Drink und dachte über den perfekten Lounge-Tisch nach. Er stellte sich einen Mix aus Soundbar und Getränkekühler vor, mit großer Glasoberfläche, LED-Pad, Bluetooth-Schnittstelle und Lademöglichkeit für all seine Smartphones. Dann schaute er in den BEEF!-Shop und sah, dass der Lounge-Tisch „Sound & Cool“ längst online war.
Preis: um 1000 Euro

FOTOS: CASO DESIGN

SO KOCHEN FRAUEN. SO MÄNNER.

Wo wird am deutlichsten, wie sehr sich die Geschlechter unterscheiden? In der Küche. Heute: Kräutergarten

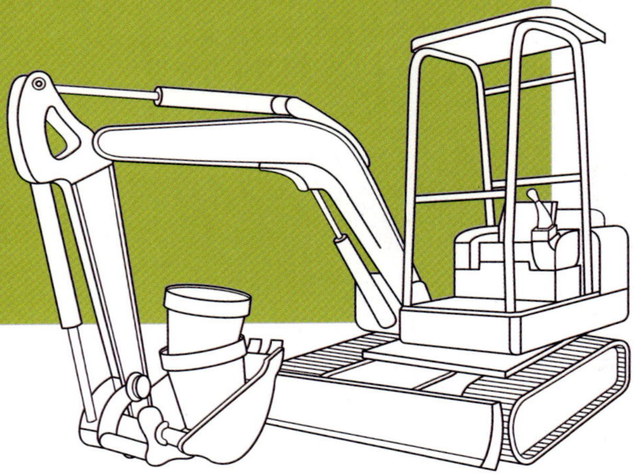

ER Mitte März, die Sonne scheint, das Thermometer klettert zum ersten Mal über zehn Grad. Schaut aus dem Fenster und hat die Vision eines Kräutergartens.
Bestimmt einen Platz auf seinem Grundstück.
Entnimmt eine Bodenprobe, lässt Sauerstoffsättigung und Säuregehalt des Bodens analysieren.
Mitte April kommt das Ergebnis: super Boden!
Trifft sich mit dem Gartenarchitekten, bespricht die Holzarten für die Umrandung und die Steingröße für Verkehrswege im Inneren des Kräutergartens.
Mitte Mai kommt der Kostenvoranschlag, uff.
Legt das Projekt vier Wochen auf Eis.
Sagt dem Architekten Mitte Juni ab, fährt in den Baumarkt, um Holz und Steine zu bestellen.
Mitte Juli ist alles da.
Fährt mit der Familie für vier Wochen in die Ferien ans Mittelmeer, bewundert die Rosmaringärten, kehrt hoch motiviert zurück.
Startet Mitte August die Aushebearbeiten, der Boden ist wegen der Trockenheit steinhart.
Bestellt Profigerät, Mitte September kommt der kleine Gartenbagger.
Baggert bis Mitte Oktober ein tolles Loch.
Baggert bis Mitte November weiter, weil's so viel Spaß macht.
Mitte März, die Sonne scheint, das Thermometer klettert zum ersten Mal über zehn Grad. Schaut auf das Loch in seinem Garten, hat die Vision eines eigenen Swimmingpools mit Gegenstromanlage.

SIE Mitte März, die Sonne scheint, das Thermometer klettert zum ersten Mal über zehn Grad. Schaut aus den Fenster und hat die Vision eines Kräutergartens.
Bestimmt einen Platz auf der Terrasse.
Kauft sechs Terrakotta-Töpfe in unterschiedlichen Größen und stellt sie nebeneinander auf.
Bringt Thymian, Rosmarin und Minze vom Einkaufen mit und stellt sie in die Töpfe.
Entdeckt im April eine Nacktschnecke im Thymian.
Legt vier Wochen lang Schneckengift aus.
Erneuert sicherheitshalber Thymian, Rosmarin und Minze wegen der toxischen Schneckenleichen.
Bringt vom Einkaufen die vierte Pflanze mit und stellt sie in den Topf: Salbei.
Mitte Juli ist alles fertig.
Fährt mit der Familie für vier Wochen in die Ferien ans Mittelmeer, bewundert die Terrakotta-Gärten, kehrt hoch motiviert zurück.
Startet Mitte August die Umstellarbeiten mit den Terrakotta-Töpfen, die Kräuter sind nach vier Wochen ohne Wasser vertrocknet.
Bestellt 60 weitere Terrakotta-Töpfe in 14 Größen, dazu viel Erde und jede Menge Kräuter.
Sortiert bis Mitte Oktober die Töpfe immer wieder neu, weil's so viel Spaß macht.
Mitte März, die Sonne scheint, das Thermometer klettert zum ersten Mal über zehn Grad. Schaut auf das Topf-Ensemble auf der Terrasse, hat die Vision eines eigenen Gartenfachhandels mit Schwerpunkt Deko.

ILLUSTRATION: ANN-MARIE ARING FÜR BEEF!

DIE NÄCHSTE AUSGABE ERSCHEINT AM 20. MAI 2021 B!